葛兆光　著

中國經典十種

（修訂本）

商務印書館

責任編輯： 徐昕宇

裝幀設計： 涂　慧

排　　版： 周　榮

校　　對： 趙會明

印　　務： 龍寶祺

中國經典十種（修訂本）

作　　者： 葛兆光

出　　版： 商務印書館（香港）有限公司

香港筲箕灣耀興道 3 號東匯廣場 8 樓

http://www.commercialpress.com.hk

發　　行： 香港聯合書刊物流有限公司

香港新界荃灣德士古道 220-248 號荃灣工業中心 16 樓

印　　刷： 美雅印刷製本有限公司

九龍觀塘榮業街 6 號海濱工業大廈 4 樓 A 室

版　　次： 2023 年 5 月第 1 版第 1 次印刷

© 2023 商務印書館（香港）有限公司

ISBN 978 962 07 5941 3

Printed in Hong Kong

"葛兆光講義系列"·說明

　　我對大學人文學科的教學，曾經有個説法，"給大學生常識；給碩士生方法；給博士生視野"，很多朋友引用過，覺得我講得有那麼一點兒道理。不過，説歸説，做歸做，真正能夠按照這種方式上好課，卻沒那麼容易。我在不同的大學講了三四十年的課，也換着各種主題講過很多門課，也曾盡力通過講課實踐這種理想，所以，準備課程和撰寫講義，要佔去我大部分工作時間。不過，也因此從講義到著作，出版了不少論著，包括我的《中國思想史》兩卷本和《思想史研究課堂講錄》三卷本，其實原本都是講義。儘管錢鍾書先生曾經在《圍城》裏很諷刺這種拿"講義當著作"又拿"著作當講義"的車輪戰法，可能那是因為他不必總在大學講課的緣故。

　　我有一個基本固定的講義撰寫模式。為了準備講課，我常常用紙筆先寫詳細的大綱，然後在這些大綱上，貼滿各種抄錄了史料或心得的籤紙；在講述一兩輪之後，便把這些五顏六色亂七八糟的紙本，轉錄成電腦格式的文本，接着再把它打印出來，在天頭地腳、左邊右邊批注種種文字，並且繼續貼滿修補的籤紙。這樣經過三五輪增補和刪訂後，就成為最終的講義，而我在完成了最終講義之後，也就不再講這門課了。為甚麼？因為既然已經完成，自己也已經沒有新鮮感了，這就彷彿《世說新語》裏說的王子猷雪夜訪問戴逵，"吾本乘興而行，興盡而返，何必見戴？"其實，好的講課人自己講述也是要"乘興而行，興盡而返"的，那種憑一本講義照本宣科講幾十年的事兒，我還真做不來。

講義和著作畢竟不同。著作可能需要有思想和新見，而講義最重要的不僅要明白，還要有知識。這個"葛兆光講義系列"，收錄了我多年講課講義的最終修訂稿。除了已經丟失的《中國史學史講稿》，已經由三聯書店出版的《思想史研究課堂講錄》(三冊)之外，這個系列大概應該包括以下若干種講義，即針對大學通識課程的《中國經典十種》和《宋代文學十講》，針對大學歷史系本科生的《古代中國文化講義》和《古代中國藝術的文化史》，針對碩士生的《學術史講義——給碩士生的七堂課》，以及針對博士生的《亞洲史的研究方法——以近世東部亞洲海域為中心》。以上這些講義，正在陸續整理出版中，如果還有餘力，那麼這個系列中也許還應該有一本給博士生的《亞洲中古宗教、思想與文化的交流》。

特此說明如上。

葛兆光

2021 年 4 月

新版序

　　細心的讀者如果看本書附錄的幾篇序言，就知道這部書原本是我在北京清華大學任教時，給大學生講"通識課程"時寫的講義。這部講義在 1993 年出了第一版（香港中華書局），2002 年經過修訂，又出了第二版（上海書店出版社），2008 年經過再次修訂補充之後，出版了第三版（北京中華書局）。現在大家看到的是第四版，這次收入商務印書館的"葛兆光講義系列"時，我又做了一點兒修訂補充，主要是增加一些新資料和新發現。在每篇之後，增補了"文獻選讀"，而在"參考書目"中，也增加了一些新近出版可資參閱的著作。

　　一部面對大學生（尤其是非文科的大學生）的，應該說是通俗淺近的講義，居然能在差不多三十年裏始終受讀者歡迎，這讓我很吃驚。前不久還有一位讀者特意給我來信，說這本講義很"有用"，僅僅是"有用"這兩個字，就讓我很欣慰了。它還"有用"，就說明如今這個變動不居的時代，還需要對傳統中國經典的閱讀，也還需要對"甚麼才是中國經典"這個問題的解釋，也還需要對"正確理解傳統經典意義"的引導。

關於這些問題，我想，我在 2008 年版的序言中説得很清楚，這裏就不再重複，希望讀者在閱讀本書之前，看一看那篇序言。

2021 年 5 月

於上海復旦大學光華樓

2008 版序

　　近來常有一種風氣。有人説到"經"，便有意無意地把它等同"經典"，而提起"中國經典"，就急急忙忙把它轉換成"儒家經典"。我總覺得這種觀念有些偏狹。其實，中國經典絕不是儒家一家經典可以獨佔的，也應當包括其他經典，就像中國傳統絕不是"單數的"傳統，而應當是"複數的"傳統一樣。我一直建議，今天我們重新回看中國的經典和傳統，似乎應當超越單一的儒家學説，也應當關涉古代中國更多的知識、思想和信仰，這樣，一部介紹中國經典的書，就應當涵蓋和包容古代中國更廣泛的重要著作。

　　簡單地説有兩點：第一，中國經典應當包括佛教經典，也應當包括道教經典。要知道，"三教合一"實在是東方的中國與西方的歐洲，以及東方的日、韓，在文化領域中最不同的地方之一，也是古代中國政治文化的一大特色。即使是古代中國的皇帝，不僅知道"王霸道雜之"，也知道要"儒家治世，佛教治心，道教治身"（如宋孝宗、明太祖、清雍正皇帝），絕不只用一種武器。因此，回顧中國文化傳統的時候，僅僅關注儒家的思想和經典，恐怕是過於狹窄了。即使是僅僅說儒家，也包含了相當複雜的內容，比如有偏重"道德自覺"的孟子和偏重"禮法治世"的荀子，有重視社會秩序的早期儒家和重視心性理氣的新儒家。應當說，在古代中國，關注政治秩序和社會倫理的儒家，關注超越世界和精神救贖的佛教，關注生命永恆和幸福健康的道教，分別承擔着傳統中國的不同責任，共同構成中國複數的文化。第二，也許還不止是儒、道、佛，傳統中國有很多思想、知識和信仰，可能記載在其他著述裏面，"經典"不必限於聖賢、宗教和學派的思想著作，它是否可以包括更廣泛些？比如歷史學中的司馬遷的《史記》和司馬光的《通鑑》之類，是否可以進入經典？西方人從來就把希羅多德的《歷史》、修昔底德的《伯羅奔尼撒戰爭史》算成是必讀經典的。重建文化認同和進行傳統溯源，也從來少不了歷史著作，為甚麼不可以把它們叫做"經典"來重新閱讀？至於古代中國支持經典研讀（那算是"大學"）的基礎知識（也叫"小學"），就是文字之學，其中的那些重要著作，《爾雅》是早就成"經"了的，而《説文》呢，更是可以毫不愧疚地列入"經典"之林的。道理很簡單，古人早說過"通經由識字始"，不識字能讀經典嗎？甚至唐詩、宋詞、元曲裏面的那些名著佳篇，也不妨讓它們擁有"經典"的資格，莎士比亞那些曾被稱為粗鄙的北方人的劇作，不也列入了西方經典之林了嗎？因此，我在這部《中國經典十種》裏面，既選有傳統儒家的經典，也選了佛教、道教的經典，既有諸子的思想著作，也有史著和字典。

說到經典，還必須補充說明，經典並非天然就是經典，它們都經歷了從普通著述變成神聖經典的過程，這在學術史上叫"經典化"。沒有哪部著作是事先照着經典的尺寸和樣式量身定做的，只是因為它寫得好，被引用得多，被人覺得它充滿真理，又被反覆解釋，還有的被"欽定"為必讀書，於是，就在歷史中漸漸成了被尊崇和被仰視的經典。因此，如今我們重新閱讀經典，又需要把它放回歷史裏重新理解。所謂"放回歷史裏面"，就是説，這些經典需要先放在那個產生它的時代裏面，重新去理解。就比如《周易》，最初並不是那麼哲學和抽象的，在那個時代可能就是占筮；《史記》在那個文史不分的時代，不必那麼拘泥於歷史學的謹嚴，就是可以有想象和渲染。經典的價值和意義，也是層層積累的，對那些經典裏傳達的思想、原則甚至知識，未必需要亦步亦趨"照辦不走樣"，倒是要審時度勢"活學活用"，用一句理論的話講，就是要"創造性地轉化"。

這部書原來是我在大學裏講通識課程的講義，在理想中，大學應當是理解文化傳統和提倡精神自由的島嶼，閱讀經典也許正是實踐這一理想的重要途徑。布魯姆（Allan Bloom，1930－1992年）在《美國精神的封閉》（The Closing of the American Mind）中曾説，閱讀經典可以使人們了解，從古至今"人類究竟面臨哪些重大問題"，以便人們在共同問題和豐富知識基礎上建立"今人和古人在思想上的友好聯繫"。不過，這並不意味着聖賢原則是必須遵循的教條，也不意味着古代經典是不可違逆的聖經，畢竟歷史已經翻過了幾千年。因此，對於古代經典，既不必因為它承負着傳統而視其為累贅包袱，也不必因為它象徵着傳統而視其為金科玉律。我對經典的看法很簡單：第一，經典在中國是和我們的文化傳統緊緊相隨的巨大影子，你以為扔開了它，其實在社會風俗、日常行事和口耳相傳裏面，它總會"借屍還魂"；第二，歷史上的經典只是一個巨大的資源庫，你不打開它，資源不會為你所用，而今天的社會現實和生活環境，是刺激經典知識是否以及如何再生和重建的背景，經典中的甚麼資源被重新發掘出來，很大程度上取決於"背景"召喚甚麼樣的"歷史記憶"；第三，經典在今天，是需要重新"解釋"的，不大可能純之又純、原汁原味，以為我們今天可以重新揣摸聖賢之心，可以隔千載而不走樣，那是"原教旨"的想象；第四，只有經過解釋和引申，"舊經典"才能成為在今天我們的生活世界中繼續起作用的，呈現出與其他民族不同風格的"新經典"。

我也希望我所詮釋的"舊經典"，能夠成為今天生活中起作用的"新經典"。

2008 年 1 月 20 日

於上海

繁体版序

我的講義系列(《中國經典十種》《古代中國文化講義》《學術史講義》《亞洲史的研究方法》)要由香港商務印書館出版繁體字版,出版社讓我為之寫幾句話,我當然樂於從命。

這裏的四部講義,來自我過去開設的四門課程。早的如《中國經典十種》《古代中國文化講義》,是 1990 年代初期,我在清華大學任教時開始講的;稍後的《學術史講義》,大約是從 2000 年前後開始講的;而最晚的《亞洲史的研究方法》,則是 2010 年以後,我在復旦大學時才開始講的。這四部講義不僅涵蓋了大學通識、本科、碩士和博士課程,也記錄了我這三四十年來在各個大學任教的軌跡。需要提及的是,與此同時的幾十年間,我也曾陸陸續續在香港的幾所大學,為不同層次的學生講過課,前後加起來恐怕有十幾次,共兩年時間。我記得,這幾部講義中的部分內容,就曾在香港中文大學、香港浸會大學、香港城市大學講過。

一位朋友說,傳統中國士大夫總是兼懷廟堂、廣場和講堂,而近代以來,經歷分化後的現代中國讀書人,也許更多只剩下講堂了。因此,為學生認真講課,就是作為教師的現代讀書人的最大責任。我不喜歡高調大話地説，教師能"傳道、授業、解惑"，其實，如今的大學教師，不過就是傳授知識罷了，因此，新鮮的、準確的、普世的那些知識的講授，就格外重要。我當然想始終站在講台上，努力為學生講課，可是現在人已年過七旬，精力不足以再擔任完整課程，這讓我很遺憾。好在如今，講堂口授可以換成講義呈現，因此，這次講義在香港出版，就等於是延續了我在香港課堂上繼續面對學生講授的理想。

是為序。

2023 年 5 月 1 日
於上海

目　錄

《周易》：占筮與哲理

很早很早的古時候，看着蓍草占卜，有人愣是從中琢磨出了"理兒"來。這"理兒"很大，陰上陽下，變化萬端，管天、管地、管人，居然讓一本占筮之書成了"群經之首"，籠罩了古代中國思維世界好幾千年。

提到《周易》，很多人會想到"算卦"，就像現在風行世間的"紫微斗數""文王先天八卦"一樣。這個聯想並沒有錯，因為本來《周易》就是一本"決嫌疑，定猶豫"的書。可是如果有人告訴你，一本"算卦"的書不僅可以"占驗禍福，預測未來"，而且還可以"改變世界""精研哲理"，大概你一定不相信。

不過，世界上就是有這種奇怪的事情。比如《孫子兵法》的作者本來絕對想不到他的書能成為企業家辦公司的"指南"，也絕對想不到他的書能成為海灣戰爭中現代化美國軍人的"讀物"。《三國演義》的作者也絕對不會想到他的小說幾百年後會成為洪秀全佈陣用兵的參考書。同樣，孔子當年隨口說話教誨弟子，也絕對想不到他的話會被編成《論語》，成為指導中國人幾千年的經典。說起來，西方的《聖經》本來也就是些宣傳家的演說、宗教徒的書信、無名史家的史著、無名詩人的詩歌，誰又會想到它會成為西方文化的一大源頭呢？

中國有個故事叫"郢書燕説"，説的是郢地有一個人給燕國的相國寫信，天黑看不清，便令僕人"舉燭"，一不小心把"舉燭"二字寫了進去，燕國相國接到信後反覆琢磨，不知"舉燭"二字説的是甚麼，後來，他把"舉燭"理解為郢人希望他洞察燭照，舉用賢人，於是照此辦理，把燕國治理得很好。這個故事實際上有一個"解釋學"的道理，説者無心，聽者有意。很多後來看上去很深奧、很精闢的哲理其實就是這麼"郢書燕説"出來的。

現代社會科學、人文科學的不少理論，實際就是不斷"解釋"的產物，這叫"經典化"或"哲學化"。《周易》就是這樣一部書，它本來説的就是"算卦"，可後來經過多少人的"解釋"，就成了一本講哲理的"經典"，而且從《周易》中還引申出了陰陽哲學、玄學、煉丹術、醫學甚至天文曆算等等。現在更厲害了，有人還從這裏看出了"宇宙結構圖""氣功經絡網""遺傳密碼"。外國人丈二金剛摸不着頭腦，被唬得一愣一愣的，也就跟着琢磨其中的奧妙，除了萊布尼茲看出了"二進位制"之外，瑞士心理分析學家 C. G. 榮格和法國人類學家列維 - 布留爾看出了"別一種思維"，好像全世界都為它着了迷，所以有人預言説："二十一世紀，《易》學將成為顯學。"

那麼《周易》是怎麼從一本占卜書變成"六經之首"的哲理書的呢？下面讓我們從頭一一説來。

一、《易經》：“卦象”“卦辭”“爻辭”

上古的人很迷信各種各樣的占卜術，其中最崇信的是兩種，一種是用龜甲為材料的“卜”，一種是用蓍草為材料的“筮”，《周禮・春官・筮人》裏就說：“凡國之大事，先筮而後卜。”其實，在上古並不只是“國之大事”，凡大事小事都要筮、卜。

由於出土了很多殷商、西周時代的甲骨卜辭，我們現在對龜卜已經知道得很多了。古人有事，就先提出一個要占卜的問題，像明天有沒有雨，打仗能不能贏，收成會不會好等等，然後用銳器在龜甲（或牛肩胛骨）上鑽一個小孔和一道槽，這就是“卜”（“卜”的字形“卜”，據說就是“象灸龜之形”），然後用火在孔中燒灼，甲骨遇熱開裂，就有了裂紋，這個裂紋就是“兆”。今天我們說“預兆”“兆頭”就是從這裏來的，“兆”字就是裂紋的象形（兆）。負責占卜的巫師看裂紋的形狀，可以說出吉凶後果，然後把結果刻在甲骨上。人們必須按照甲骨裂紋的指示行事，因為這是“天意”。

甲骨質地堅硬，可以保存下來，可是蓍草就不行。蓍草是一種草本植物，俗稱“鋸齒草”，埋在地下就會爛掉。而《周易》相傳就是用蓍草占驗吉凶的，所以，沒有留下甚麼實物資料，我們只有靠文字記載來推測古人如何占筮的。據一種最權威的說法，《周易》用蓍草占筮的方法大概是：

（一）用五十根蓍草，先抽去一根象徵“太極”，始終不用，剩下四十九根，信手分成兩半，象徵“兩儀”，左右手各拿一半。

（二）從右手抽出一根，夾在左手小指與無名指之間，象徵"三才"（天、地、人）中的"人"。

（三）放下右手所拿的蓍草，用右手數左手中的蓍草，四根數一次，剩下最後的餘數又夾在左手無名指與中指之間，傳説四根象徵"四季"，而餘數象徵"閏月"。

（四）以左手數右手原來所拿的那一半蓍草，方法和上面一樣，餘下來的蓍草夾在左手中指與食指之間。這時，左手夾的蓍草合在一起，不是五根，就是九根，剩下的蓍草不是四十根就是四十四根。

（五）把那九根或五根蓍草放在一邊。剩下的四十或四十四根再分成兩半放在左右手中，又從右手那把裏抽出一根夾在左手小指和無名指之間，像上面所説的那樣四根一次地數，數完左手那一把再數右手這一把，兩次餘下來的蓍草加上先夾在左手的一根，一定是四根或八根。這時，剩下的蓍草不是三十二根、三十六根就是四十根。

（六）再如法炮製一次，餘數又形成八根或四根，去除餘數後，剩下的蓍草不是二十四根、二十八根、三十二根就是三十六根。

以上三次分數蓍草，叫做"三變"。三變的結果有四種，二十四、二十八、三十二、三十六，這四個數是由第一"變"時一分為二的偶然性決定的，占筮者事先無法自行選擇其結果，所以古人相信其中一定有"命數"或"天意"，因此可以預知未來，暗示吉凶。這四個數是"四"這個數的六、七、八、九倍，六和八是偶數，屬陰；七和九是奇數，屬陽。屬陰的《周易》記為"--"，但其中六是"老陰"，八是"少陰"；屬陽的《周易》記為"—"，但九是"老陽"，七是"少陽"。

古人規定，"老變少不變"，如果占筮結果是七、八（即餘下二十八、三十二根蓍草），則這一爻就算數。一卦（六爻）中如果都是七、八即少陽、少陰，這一卦就可以用來定吉凶了。可如果出現六、九即老陰、老陽，以後還要再將這幾個老陰、老陽變一下，變陰為陽，變陽為陰，又構成一卦，參考上一卦來幫助預測。因為老陽、老陰會變化，所以叫"變爻"。

"三變"才得了一爻，《周易》用蓍草占驗吉凶預測未來要有一卦才行，一卦有六爻，所以要來六次共十八變，這就是《周易·繫辭》所說的"十有八變而成卦"，成了卦就能預測了。因此現在在《周易》這本書的最基本部分中，首先就是卦象本身，也就是由六個陽爻（—）或陰爻（--）構成的"卦"。

本來，三爻就可以成卦，姑且把它叫"基本卦"，基本卦只有八個，就是我們通常說的"八卦"，即乾（☰）、坤（☷）、震（☳）、巽（☴）、坎（☵）、離（☲）、艮（☶）、兌（☱），據說，它們分別象徵着天、地、雷、風、水、火、山、澤，大概這是古人心目中宇宙最基本的要素罷，傳說是伏羲設計的。但八個似乎太簡單了，後世有人說，是周文王（西伯）把兩卦重合為一卦，八八六十四一共六十四卦。比如說，乾卦加乾卦得☰，還叫乾卦，坤卦加坤卦得☷，還叫坤卦，當然其他就不一樣了，像離卦加艮卦得☶，叫賁卦，乾卦加震卦得☳，叫大壯卦。

《周易》是從下往上數的，請注意這一點。卦是甚麼卦，由前面所說的"十八變"決定，六十四卦是"全額排列組合"的結果，所以後來編排得很有規律。有的卦是一對一對的，基本卦的位置相反，像否卦 (䷋) 是坤下乾上，泰卦 (䷊) 是乾下坤上，既濟卦 (䷾) 是離下坎上，未濟卦 (䷿) 是坎下離上；有的卦也是一對一對的，整個六爻的位置顛倒，像損卦 (䷨) 和益卦 (䷩)，陰爻、陽爻的排列整個兒都反過來了，這些卦的意義也可能就會互相對立。

要占驗禍福吉凶，得到卦象只是第一步，更要緊的是解釋這些卦象的涵義。所以《周易》的基本內容除了六十四卦卦象之外，最最要緊的是附在六十四卦每卦之後的"卦辭"和"爻辭"。

"卦辭"是解釋每一卦總的涵義。上古人關心的事情和現在人不太一樣，那時既沒有股市漲落的憂患，也沒有畢業求職的苦惱，他們最關心的事大概一是軍事之事，仗打起來是贏是輸，從哪個方向進軍合適等；二是行旅之事，出門吉不吉利，往哪個方向走安全等；三是祀享之事，祭祀某個鬼神有沒有用，選擇甚麼日子獻上祭品等；四是婚姻之事，與某氏族的人通婚好不好，甚麼日子是好日子等。所以，我們看《周易》裏的卦辭，大多數都是解釋這幾類事情的吉凶的。當然卦辭語言比較古奧，加上預言未來總不能太直截了當，所以卦辭都很難懂，也很玄乎。比如乾卦是"元亨利貞"，據古人注解說："元，始也；亨，通也；利，和也；貞，正也。"大意當然是極好，但為甚麼是極好，就得琢磨了。又比如說復卦是"出入無疾，朋來無咎，反復其道，七日來復，利有攸往"，大意就是說利於出行，沒有疾病，利於來錢，賺錢又沒有風險，旅途平安。再比如說漸卦是"女歸吉，利貞"，大意就是說女子嫁人，很吉利。但在實用中，如果別人問的不是出行或嫁娶的事，那麼筮者就要根據這些意思採取類推聯想的方式加以解釋了。我們常常在寺廟裏看到求籤的場面，籤文上也許只有一句模棱兩可的話，但籤書上卻針對這一句有各式各樣的回答，有"功名""生意""婚姻""求子""謀事""官司""失物""出行""疾病""家運"等等，真是"兵來將擋，水來土掩。"《周易》的卦辭也是一樣，卦辭雖然簡單，往往只有寥寥幾句，但因為它文字古奧，意義含蓄，所以，可以讓人自由解釋，滿足各式各樣的疑問。

八卦圖

"爻辭"是分別解釋每一爻的涵義的。每一卦有六爻，從下往上數。陽爻叫"九"，陰爻叫"六"，比如復卦䷗，就是"初九""六二""六三""六四""六五""上六"。據說，每一爻有當位、不當位的分別，陽爻應當在一、三、五等"單位"，陰爻應當在二、四、六等"耦位"，合則當位，不合便不當位。如漸卦（䷴），最下面的"初六"不當位,"六二"當位,"九三"當位,"六四"當位,"九五"當位,"上九"又不當位,筮者可以從當位、不當位的秩序、情形及變化中,判斷種種結果。爻辭就是從下而上一一解釋每一爻的意義。比如益卦(䷩),總的卦辭是"利有攸往,利涉大川",就好比皇曆裏的"黃道吉日,利於出行"一樣是好的兆頭,但具體到每一爻又有種種分別,它的第一爻是"初九",陽爻,當位,爻辭就說:"初九,利用為大作,元吉,無咎。"(大意是說,初九這一爻,象徵興建各種大房屋等建築必然獲得成功,不會遭到挫折。)而它的第二爻是"六二",陰爻,也當位,爻辭就說:"六二,或益之十朋之龜,弗克違,永貞吉,王用享于帝,吉。"(大意是說,六二這一爻,表示陰柔居中很合適,因此有自外而來進獻價值十朋的龜甲者,以它決策一定不會錯。這是個吉利的兆頭,如果王祭祀天帝,也是大吉。)

以下爻辭一一解釋"六三""六四""九五""上九"。據統計,《周易》六十四卦三百八十四爻的爻辭中有說"吉"的一百二十一爻,說"凶"的五十二爻,說"無咎"的八十五爻,看來還是說好話的多,這和後來寺廟裏的籤文以及看相、測字先生口中大多是好聽的話語倒是一樣的。

以上卦象、卦辭、爻辭就是《易經》。所謂"經",是說它來歷久遠,資格很老,是古代傳下來的經典。據現代學者考證,這部分的確很古老,因為:第一,它的文字很古奧,和甲骨卜辭很相似。如卜辭有"貞我旅吉",《周易》爻辭也有"旅,貞吉";卜辭有"其弗克""貞其克乎",爻辭也有"乘其墉,弗克攻,吉"。第二,它的占筮很原始，判斷的都是上古先民關心的事，沒有系統化哲理，只有吉凶的預測。第三，很多古代史書都提到或引用過它，像《左傳》襄公九年引用過隨卦的卦辭，昭公十二年引用過坤卦的爻辭，可見它至少比成書於戰國初年的《左傳》要早。現在隨着考古資料的不斷發現，很多專家都相信《周易》的"經"大約真的形成於殷周之際，也就是公元前 11 世紀前後。

二、《易傳》：讓《周易》從占卜變為哲理的"十翼"

現在通行的《周易》不僅有卦象、卦辭、爻辭，還有一些逐漸附益進去的內容，這些內容一共有七種：

一是"彖辭"。彖辭是解釋六十四卦卦辭的涵義的。比如謙卦（䷎）的卦辭是"亨，君子有終"，意思是這一卦表示君子能有好的結果，彖辭就解釋，君子為甚麼會有好結果呢？是因為"天道下濟而光明，地道卑而上行。天道虧盈而益謙，地道變盈而流謙，鬼神害盈而福謙，人道惡盈而好謙。謙尊而光，卑而不可踰，君子之終也。"就是說，天地、鬼神都有盈有虧，盈者必虧，虧者必盈，天地、鬼神和人都一樣喜歡截長續短、自高向低，同情謙謙君子，福祐貧弱之人，就好像水流自上而下，一定會把凹處、凸處抹平一樣，所以謙虛謹慎是一種美德，謙謙君子才會受到尊敬，有好結果。《易》本來是預測吉凶的，但彖辭這樣一解釋，好像《周易》裏有了大道理，卦辭成了道德學問或為人哲理了。

二是"象辭"。顧名思義，"象"是指圖像，卦爻也是一種圖像，象辭就是根據卦爻的象來解釋卦爻大意的。象辭分大、小兩種，解釋卦的叫"大象"，解釋爻的叫"小象"。例如乾卦 (☰) 六爻都是陽爻，按古人的理解，陽是天、君主、上位以及陽剛、雄健的象徵，所以，乾卦大象辭就説："天行健，君子以自強不息"，而乾卦初九爻的小象辭就説："潛龍勿用，陽在下也。"大象辭的意思是説整個乾卦表示天道運行不已，君子和天道一樣應當自強不息，以吻合陽的特徵；小象辭的意思是説初九這一陽爻在下，表示龍暫時潛伏不動，君子應當和潛龍一樣等待時機。又如剛才提到的謙卦 (☷) 是艮下坤上，按古人的理解，艮 (☶) 是山的象徵，坤 (☷)是地的象徵，大象辭就説："地中有山，謙，君子以裒多益寡，稱物平施"，意思是説這個卦象是山藏在地下，就像謙謙君子大智若愚，不顯山不露水，還常常取多補少，分配公平，做人謙虛，和自己的身份很吻合。可見象辭裏也有不少道德化的味道，和《易經》本義並不一定吻合。

三是《文言》。《文言》是專門闡發乾、坤這兩卦深奧意義的小論文，現在分別附在乾、坤兩卦的卦、爻、彖、象辭之後。如乾卦的《文言》一開頭就根據卦辭"元亨利貞"解釋乾卦説："元者，善之長也；亨者，嘉之會也；利者，義之和也；貞者，事之幹也。君子體仁足以長人，嘉會足以合禮，利物足以和義，貞固足以幹事。君子行此四德者，故曰：乾，元亨利貞。"這意思是説，元是善良心的開端，亨是好行為的薈萃，利是仁義和睦眾人，貞是事業成功根本，君子有了這四種德行，可以培養心性、履行禮儀、和合眾人、成就大事，就可以吻合乾卦之義。而坤卦的《文言》則說："坤，至柔而動也剛，至靜而德方，後得主而有常，含萬物而化光。坤道其順乎，承天而時行。……"就是在說坤卦表示至柔、至靜，但又有柔中之剛、靜中之動，它順天應時化育萬物，但又必須有陽為主，才能有條不紊等等。可以看出，《文言》大體上是陰陽學說和儒家倫理的雜糅，它問世的時間不會太早。

四是《繫辭》。《繫辭》是總論易理的一篇文章，現在通行的《繫辭》附在六十四卦的後面，分上下兩篇，主要闡述"易有太極，是生兩儀，兩儀生四象，四象生八卦，八卦定吉凶"的宇宙生成理論和"一陰一陽之謂道"的宇宙結構學說，它是中國古代思想史上最重要的文獻之一，關於它的內容，在後面我們還要詳細討論。

需要補充說明一下的，是 20 世紀 70 年代長沙馬王堆發現的漢代初年帛書本《周易》中，也有一篇《繫辭》，和今天通行的不太一樣，可見一直到漢代初期，對於《易》的各種解釋與闡發，還是歧義紛紜，並沒有定准的，各種文本的文字也還是不一樣的，今天看到的《繫辭》恐怕只是各種文本中的一種，而且還有不同時代人的解讀摻在其中。

五是《說卦》。《說卦》主要論八個基本卦的象徵。在《說卦》中有三點很重要。首先，《說卦》把乾、坤、震、巽、坎、離、艮、兌八卦不僅和天、地、雷、風、水、火、山、澤八種事物相聯繫，而且還和季節、方位、人體、親族、色彩以及很多事物掛鈎，這不僅使得《周易》有了更廣泛、更豐富的象徵和涵蓋意蘊，而且使中國古代形成了宇宙、社會、人類共出一源，且互相感應、彼此相關的觀念。其次，《說卦》解釋了為甚麼一卦要六爻，而不是五爻、七爻或九爻。它說因為天、地、人是宇宙間最基本的"三才"，天分陰、陽，地有剛、柔，人具仁、義，所以又是"二"，三乘二所以是"六"。這當然是臆說，但其中也包含了古人對宇宙、天地、人類的一體化理解觀念。這種觀念來源很早，並且一直籠罩着古代中國的思想世界。再次，《說卦》還說明了六爻順序為甚麼從下往上數而不是習慣地自上往下數。它說："數往者順，知來者逆"，就是說，要考究過去，你可以順着數，但《易》是要預測未來的，所以要"逆計數"，就好比現代發射宇宙飛船要"5、4、3、2、1"逆計數一樣。順數，則數字無窮無盡，逆數，則數到零即有了結果，有結果才能叫"預測"。所以古文裏"預料"也叫"逆料"，"逆"就是迎的意思，過去是迎不來的，未來是可以等待迎接的，所以要逆數。

六是《序卦》。《序卦》是論六十四卦順序的一篇論文，和《說卦》一樣放在《易》的後面。它把六十四卦用簡潔的語言串連在一起，從第一卦乾卦到第六十四卦未濟卦，組成一個從天地萬物之始到萬事萬物不可窮盡這樣一個運動流轉的序列，重點在點明一卦與一卦之間的關係。《序卦》產生可能較晚，而且也只是一家之言。因為早期《易》的卦序可能並不是這樣的，馬王堆出土的西漢帛書本《周易》的卦序就是另一個樣子，所以《序卦》並不是放之四海皆准的，儘管它表述了不少很高明的思想，但解釋中還是有不少牽強附會的地方。

七是《雜卦》。這是一篇很短的論文，主要解釋各卦的大意，比較雜亂簡略，通常放在《周易》全書之末。

以上彖辭、象辭、《文言》、《繫辭》、《說卦》、《序卦》、《雜卦》七種叫《易傳》，說它是“傳”，是相對卦象、卦辭、爻辭的“經”而言的。在中國古代語言裏，“傳”就是傳，即解釋、疏通、闡發，使它傳之後世的意思，“傳”就是對“經”的註解與發揮。也有人把它們叫“十翼”，“翼”就是羽翼、翅膀，是協助經典飛翔的。為甚麼是“十翼”而不是“七翼”呢？一來因為彖辭、象辭隨“經”分上下兩部分，《繫辭》也分上、下篇，所以一共是“十翼”；二來大概因為中國古人也特別喜歡一個圓滿的數字，就像現代人喜歡“十全十美”的“十”一樣。

傳說“十翼”也就是《易傳》是孔子作的，但現在大多數學者都不再相信這種說法了。比較接近事實的解釋是，它們大體成書於戰國時代到秦漢之際，是一些思想家借着讀《易》、說《易》的機會撰寫的一些注釋或論文，主旨在於闡發他們所理解的《周易》原理及道德倫理、宇宙觀念、人生哲學。因此它們與《易經》已經大不一樣，這就是我們前面所說的“郢書燕說”的結果，當然用另一個詞來說也可以，這就是“借題發揮”。

三、考古發現：《周易》之謎的破解

《周易》的來歷很古老，古老的東西就總會給後人留下很多猜不透的謎；《周易》的來頭也很大，來頭很大的經典就有很多人神化它，於是謎就越發神秘。作為"群經之首"的《周易》在幾千年裏給人們留下了很多謎，其中最難解的就是兩個，一個是一、--這兩個符號最早究竟表示甚麼？一個是八卦、六十四卦的順序究竟應該怎麼排列？

關於卦畫一、--的起源和涵義，古人有各種神奇的傳説，這我們不必管它。就是今人，也有各式各樣的猜測，有的人根據《説文解字》和其他古書的記載推測那是測量日影長短的儀器與線圖，有人受了弗洛伊德學説的影響説那是象徵男根與女陰。從古到今眾説紛紜，都拿不出甚麼確鑿的證據，只是推理、想象，謎仍是謎，像斯芬克斯怪獸一樣橫亙在那裏。可是近年來，有人説"地不愛寶"，一連串的考古發現，把埋在地下的，老祖宗留下的寶貝給挖出來了。這些地底下的東西把後世遮遮掩掩、包裝粉飾的外殼，像"剝筍"一樣一層層剝開，讓我們看到了古老時代的"內核"，把那些難解的"謎"的謎底呈現出來。《周易》的謎也一樣，讓人猜了幾千年，近來終於漸漸接近破解這個謎了。

讓我們從宋代開始説起。

北宋重和元年（1118），湖北孝感出土了一組西周銅器，銘文記載一個叫"中"的將領跟着周昭王伐楚立下戰功的事情，這組銅器即有名的"安州六器"（孝感在北宋時屬荊湖北路的安州管轄，故名）。其中有一個鼎（中方鼎），它的銘文後面有兩個奇怪的符號（見附圖），宋人解釋它可能是"赫赫"或者是"十八大夫"，大家把它看成是"奇字"，也沒有進一步深究，只是記載在王黼的《博古圖》裏。就這樣過了幾百年，直到 20 世紀 30 年代，郭沫若

(1892－1978 年) 編《兩周金文辭大系》圖譜時，才又猜測了一次，說它們可能是某個氏族的"族徽"。

1950 年，河南安陽發現了一些商代卜骨，1956 年，陝西西安又發現了一些西周卜骨，在這些卜骨上又出現了這一類"奇字"，當時有人就懷疑它們和《易》的六、九之數有關，但還是沒有深究。1957 年，唐蘭（1901－1979 年）搜集了這些資料，第一次指出它們是由一、五、六、七、八等數字組成。這時離解開《周易》卦畫之謎僅一步之遙了，可惜唐蘭先生沒有進一步指出它們與《易》的關係，反而把它們當作一種與古代巴蜀文字類似的民族文字，於是失之交臂。這一機會錯過，使《周易》卦畫之謎的破解又推遲了二十年。

1977 年，又一次重大發現開始提醒人們注意"奇字"和卦畫的關係，陝西岐山出土了大批刻有這種"奇字"的甲骨。因為"易"是"周易"，岐山又是周民族的發祥地，"文王演八卦"的故事在人們心中有着深刻的印象，而這批甲骨正是在周原故址及宮室遺跡中出土的。於是當 1978 年中國古文字研究會在吉林長春召開第一屆年會時，人們就詢問張政烺（1912－2005）。張政烺先生經過一夜思索，第二天就作了《古代筮法與文王演周易》的報告，指出這些"奇字"連同宋代"安州六器"上的符號就是卦畫，至此《周易》卦畫之謎終於破解了，"奇字"就是卦象，—、--是由數字演變而來的！

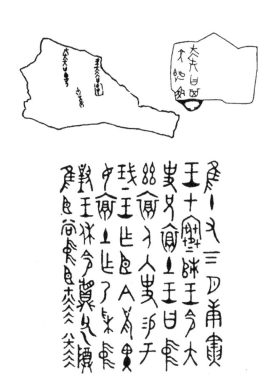

古代文物上的數字卦

上左圖是商代甲骨，上右圖是周原甲骨，
下圖是"安州六器"中的中方鼎銘文

　　原來，古人占筮，最初結果都是由數字來表示的，現已發現的商代卜骨銅器上的數字卦，有一、五、六、七、八、九、十；天星觀楚墓發現的簡牘上的數字卦，用數也有一、六、七、八、九；還有 20 世紀 80 年代發現的西周銅戈上也有一、六；上海博物館從香港收購回來的戰國時代楚簡上有《周易》，包括"豫""大畜""暌"等卦，卦畫都是採取"—""ᐱ"的畫法，而 1993 年荊州地區博物館在湖北江陵王家台發現的秦簡《歸藏》（也是《易》的一種），卦畫也是以"一"和"八"來表示的。由此可見，在戰國秦漢時期，數字卦逐漸簡化成了"一"（陽爻）和"八"（陰爻）兩種。而中方鼎上的"奇字"和周原甲骨上的"奇字"可能就是這些數字，但是後來逐漸簡化，奇數用"一"來表示，偶數用"八"來表示，後世輾轉抄寫，就漸漸演變成了現在的"一"和"--"。考古學家從馬王堆帛書《周易》和雙古堆漢簡《周易》中找到了證據，在那兩種《周易》中，陽爻和陰爻就是寫成"一"和"八"的。

除了陰爻和陽爻的來源之外，還有一個問題，即最早的《周易》各卦順序是怎麼排列的呢？我們現在通常使用的《周易》是按照"二二相偶，非覆即變"的原則排列的，就是說六十四卦分為三十二組，每組的兩卦或者每一爻都陰陽相反。像我們前面說到的乾（☰）與坤（☷）、頤（䷚）和大過（䷛），這就叫"變"；或者一卦和一卦的卦畫互相顛倒過來，像屯（䷂）和蒙（䷃）、震（䷲）與艮（䷳），這就叫"覆"。六十四卦中，頤卦和大過卦、坎卦和離卦、中孚卦和小過卦、乾卦和坤卦屬於"變"，泰卦和否卦、隨卦和蠱卦、漸卦和歸妹卦、既濟卦和未濟卦則既是"變"又是"覆"，其餘的二十四組都是"覆"。需要說明的是，兩兩相對的排列原則反映了一種陰陽家的思想，但它未必是《周易》最原始的順序。

20世紀70年代，長沙馬王堆漢墓中發現了帛書本《周易》，可是帛書本《周易》和通行本《周易》的順序完全不同，它不是"二二相偶，非覆即變"，而是另一種排列順序。它上卦以乾、艮、坎、震、坤、兌、離、巽（帛書中寫為鍵、根、贛、辰、川、奪、羅、算）為順序分為八組，按順序取這八卦中的一卦為上卦，每組下卦則按乾、坤、艮、兌、坎、離、震、巽順序排列這八卦，於是就形成了上卦相同，下卦順序為八卦的八組六十四卦，但有一個原則，即每組的第一卦必須上卦、下卦一樣，為了這個原則，又必須把下卦順序變化一下，例如：

第一組以乾（☰）為上卦，那麼下卦也以乾卦為首，便有：乾（䷀）、否（䷋）、遯（䷠）、履（䷉）、訟（䷅）、同人（䷌）、無妄（䷘）、姤（䷫）。

第二組以艮（☶）為上卦，那麼下卦也要以艮卦為首，變成艮、乾、坤、兌、坎、離、震、巽，便有：艮（䷳）、大畜（䷙）、剝（䷖）、損（䷨）、蒙（䷃）、賁（䷕）、頤（䷚）、蠱（䷑）。

帛書本《周易》的卦序與通行本《周易》的差別，促使人們考慮《周易》最原始的卦序究竟是甚麼模樣，是帛書中的卦序古老呢，還是通行本中的卦序古老呢？或者兩者都不是原始面貌，另有更古老的卦序呢？這個問題至今還沒有結論。但是，帛書本至少證明了這一點，就是現在通行的《周易》卦序，在古代並不是唯一的，古代可能流傳着各種不同的卦序，甚至不同的《易》，特別是它還證明了長久以來被認定是宋人偽造的"先天八卦"，其實古已有之。帛書本《周易》的八卦順序和"先天八卦"雖然小有不同，但大體結構並無差異，只要將"先天卦"的四正卦（乾、坤、坎、離）保持不動，四耦卦（艮、兌、震、巽）右旋一位就成了帛書本的卦序。可見，宋代以來為了爭正統、爭血脈而給"先天八卦"扣上的"偽造"罪名，其實是"冤假錯案"，也可見道教系統中保存的"先天八卦"並不是憑空虛造，而是出自來歷久遠的古代文獻。

不僅如此，20世紀90年代以來陸續公佈了很多考古發現，使我們對《周易》的研究有可能再深入下去。比如，前面提到馬王堆帛書裏發現了《易傳》，其中相當於《繫辭》的那一部分和現在通行本的《繫辭》大不相同，此外還有一些通行本裏根本沒有的部分，如《繆和》《昭力》《要》《二三子問》等，這些都是研究《周易》和古代思想史的重要資料，使我們知道至少在秦漢之際，還有很多不同的解釋《周易》的文字，這些解釋雖然大多出自儒生，但內容卻不同。此外，據說雙古堆漢簡中發現的《周易》，每卦後面都附有"占筮之辭"，內容涉及"晴雨""田漁""征伐""事君""求官""行旅""出亡""嫁娶""疾病"等等，乃是數術實用書籍，它是研究《周易》和古代宗教、巫術思想的重要資料。中國古代《周易》之學一直分義理、數術兩大支流，馬王堆帛書屬前者，雙古堆漢簡屬後者，都是珍貴的發現。

在這裏，我還想給大家再介紹一點兒最新的資料。2008年，清華大學收藏了一批盜掘被賣的戰國楚簡，這批簡的年代大概在公元前300年前後。其中，很特別的一些竹簡，雖然散亂，但大體保持了成卷的形狀，這卷竹簡就是有關《易》的，整理者李學勤（1933—2019年）把它命名為《筮法》。

楚簡《筮法》更加清楚地讓人看到，第一，從殷、周以來的數字卦，與戰國楚地的數字卦，雖然是一脈相通的，但流傳過程中還是有很不小的變化。春秋戰國時期《周易》在幾百年中的變化還需要討論。第二，在《筮法》中，卦都是六畫，而且是成對的。李學勤先生認為，它可能和古人的“四位觀念”有關，因為兩個六畫卦正好是四個三畫卦，四個三畫卦分為四個位，這和傳統中殷商的《歸藏》一致，說明在狹窄的竹簡上並排畫一對六畫卦，是有目的的。而《筮法》的卦名與《歸藏》也接近，說明早期的“易”也許確實有不同傳本，有來自《歸藏》的，有來自《周易》的，只是流傳過程中，有的綿延不絕成了“經典”，有的漸漸流散成了“佚籍”。

關於考古發現的簡帛文獻裏的《周易》問題，實在太複雜了，這裏只是簡單一說而已。

四、《周易》之流（一）：占卜術

人人都想知道未來。過去的事情過去了，除了歷史學家研究歷史，老年人回憶往昔之外，大多數人更關心的是將來。明天、後天會怎樣？明年、後年會怎樣？這對每一個人都至關重要，它不僅決定人們的行動計劃，還使人樹立自信的勇氣。正因為如此，《周易》才會產生，《周易》一類的占卜術才能流傳。

上面說到，《周易》大概並不是先秦唯一的占卜形式，傳說比《周易》更古老的還有《連山》、《歸藏》，但是它們都失傳了。過去很多學者都不相信它們真的存在，可是最近的考古發現真的有《歸藏》，可見古代占卜多元的狀況。即使是《周易》的占卜形式，從先秦以後流傳下來，也並非僅有一線單傳，而是有很多分支。像前面提到的雙古堆漢簡便是其中之一，漢代揚雄的《太玄》也是其中之一，當時頗負盛名的《焦氏易林》也是其中之一。但是《太玄》引入天文、地理各種知識，摻入占卜自創體系，文辭深奧，方法複雜；《焦氏易林》將六十四卦再重複六十四卦，卦卦重疊成了四千零九十六卦，越變越繁複，於是都不流行。很多知識、方法、理論，都要經過簡化才能大眾化、永久化，文化傳播歷來如此，這幾乎是個規律。所以在後世最流行的占卜術中，那些玄妙複雜的體系並沒有位置，反倒是通俗易懂的方法占了絕大部分，例如"火珠林""靈棋卜"和"求籤"。

"火珠林"占筮法又有人叫"錢筮法"，因為它求得陰爻、陽爻的方法是用銅錢。這種占筮法的來源很早，至少在南北朝時就已流行。據《儀禮・士冠禮》賈公彥疏的記載，這種筮法在焚香祝禱之後，用三枚錢幣拋擲。如果三枚均為反面向上，叫做"重"，是老陽（用符號〇表示），相當於《周易》的"九"；如果三枚均正面向上，叫做"交"，是老陰（用符號 × 表示），相當於《周易》的"六"；如果是二正一反向上，叫做"單"，是少陽，相當於《周易》的"七"；如果是二反一正向上，叫做"拆"，是少陰，相當於《周易》的"八"。同樣，根據《周易》"老變少不變"的原則，拋出六爻後如有老陽、老陰在內，就是變卦，還要再將老陰、老陽變成相反的爻，再成一卦來協助占筮。當然，如果六次拋出的都是少陰、少陽，那麼只要這一卦就可以了。比如有人占筮拋了六次銅錢，結果是：

二正一反少陽（七），記為—（初爻）

二反一正少陰（八），記為--（二爻）

三反老陽（九），記為〇（三爻）

二正一反少陽（七），記為—（四爻）

三正老陰（六），記為×（五爻）

二反一正少陰（八），記為--（六爻）

　　這樣就得到了一卦為豐卦䷶（初爻在下，六爻在上），但其中三爻、五爻是"變爻"，所以這兩爻陽變陰、陰變陽，成為隨卦䷐，於是這一卦又叫"遇豐之隨"，然後再查占筮書的解說，得到這一卦的結論。

　　錢筮法比起《周易》來方便得多，方便的形式總是流傳很廣的，自從它出現以後，用蓍草占筮的《周易》正宗就只在朝廷的廟堂、士大夫的儀式和學者的研究中存在，民間算卦問卜都被那幾枚小錢佔領，因為它太方便簡捷了。人人出門都可能在兜裏裝幾枚錢幣，有了問題隨時可以掏出錢幣來拋擲，既然它的隨機性、偶然性也可以代表"天意"，那麼，求"命數"何必搞得那麼複雜囉唆呢？傳說，一個叫麻衣道者的人最早把這種簡便易行的方法寫成了書，書名叫《火珠林》，於是這種方法又叫"火珠林法"。"火珠林法"便逐漸流傳開來，直至今天仍長盛不衰。

　　"靈棋卜"是用棋子來占筮的又一種簡便方法。唐代有一本書叫《靈棋經》，傳說是漢代人東方朔編的，這當然靠不住。不過它的淵源也很古老，《南齊書》裏提到過它的內容，現在的傳本傳説是晉人顏幼明注，南朝宋何承天續注，可見它最晚也是魏晉南北朝的東西。現在敦煌發現的卷子和《道藏》裏都有這本書。它的方法是用霹靂木或棗木刻成十二枚棋子，分為三組，每組四枚，一組四枚刻"上"字，一組四枚刻"中"字，一組四枚刻"下"字，象徵天、人、地"三才"，這些棋子的背面甚麼也不刻。占筮時像錢筮法一樣，先祝咒默禱，然後將十二枚棋子一擲，看有幾個是"上"、幾個是"中"、幾個是"下"、幾個甚麼也沒有。要注意，只能擲一次，一次不好不准再擲。這十二枚棋子的上、中、下有一百二十四種排列組合方式，加上甚麼也沒有的一個叫"純陰鍰"，共一百二十五卦，每卦都有卦名和卦辭，和《周易》一樣。例如有人一擲得一上一中一下，其餘都是無字的背面，那麼就得了"大通卦"，查《靈棋經》，它是"升騰之象"，卦辭説它是：

純陽得令，乾天西北。

下面又解釋説："從小至大，無有顛沛；自下升高，遂至富豪。宜出遠行，不利伏韜"，當然可以算個好兆頭。接下來還有詩一首，告訴求筮的人説："變豹文成彩，乘龍福自臻。赤身承富貴，事事可更新。"至於這個好兆頭對於每個人意味着甚麼，那就請你自己去想了，"天機"是不可説破的。相反，如果你一擲之下，得了四上一中一下，那就不太妙了，這卦叫"孤貧卦"，聽名稱就和"大通卦"不同，查《靈棋經》，它是"逢難之象"，卦辭裏説：

出溫入寒，被薄衣單，去我慈母，罹此禍怨。

不用多說，求筮者將大大地倒霉，必須早做預備。多年來，"靈棋卜"大約盛行於江浙、閩越一帶，現存《道藏》本《靈棋本章正經》前有唐會昌年間（841－846 年）李遠序文，說這是他在閩中發現的。明代張瀚《松窗夢語》卷六《方術紀》在談到"靈棋卜"時，也說是他在閩中遇上的事。閩中大概就是現在的福建，是它流傳的中心地域。

"火珠林""靈棋卜"這兩種占筮法承襲《周易》，都有象，有辭，象來顯兆，辭做解說。可還有一種問卜的方式更加簡便，連卦象都取消了，只剩下辭，這就是求籤。人們常看到寺廟宮觀中有個竹筒，裏面有一根根的竹籤，上面寫着一句話或一句詩，問卜的人搖一搖，搖出一根來，便去請教和尚道士，這就是當今依然盛行的求籤法。

求籤的來歷也很早，歷史資料顯示它至少在唐五代就已出現，距今也已千餘年了。完整而正規的求籤應分三個程序：一是杯珓問吉凶，杯珓是用蚌殼或竹、木、玉石等做成的貝狀物，兩枚一擲，如果一正一反，是吉，允許求籤，二正或二反則不行；二是搖籤，斜搖籤筒，心中祝禱，直至落出一支籤來，如果落下兩根以上都必須從頭來；三是解籤，籤辭就像《周易》的卦爻辭一樣，含糊玄奧，不太好猜，全靠人聯想，所以求籤者要請專人解釋，解釋的人另外有籤書可以提供答案，也許這答案也還是模棱兩可的，因為"天機"不可洩露。占筮要等後驗，萬一說錯了便顯得籤辭不靈，所以不能説破。過去很多人相信求籤的靈驗，其實是事後硬往上聯想而造成心理錯覺的結果，這就好比"鄰人竊斧"故事裏説的那樣，越想越像，越像越想，心頭先信了，所以總覺得它很靈很准。

求籤的書現在還存下來很多，比如《道藏》正一部裏就收有元明兩代七種寶籤，其中最多的是《玄真靈應寶籤》，它以子、丑、寅、卯等十二支每支分三十籤，以象徵一年天數，共三百六十籤。最少的是《大慈好生九天衛房聖母元君靈應寶籤》，共九十九籤。我們各舉一例來看一下。

先看《玄真靈應寶籤》"寅時十五籤"：

【籤文】一：人事不和，下下。（按：這項籤文類似於《周易》的卦辭。）

【籤文】二：樽酒謾追隨，花間爭是非，解冤冤未解，爭奈小人欺。（按：這種詩體籤文是《周易》所沒有的，但在後世靈籤中極其普遍。）

【解説】因杯酌而生譏誚，立見喧爭；防談笑而變是非，坐遭吻舌。因而成怨，怨結重若丘山；造次為欸，欸深積如滄海。（按：這就是籤文的謎底，通常由解籤人掌握。）

再看《大慈好生九天衛房聖母元君靈應寶籤》第十三籤：

【籤文】滿門老幼喜欣欣，偶獲奇材無價珍。積善之家招此慶，廣修善果報天真。

【解說】貴子當生，大修善事，拜謝天真，千里光輝。

　　以上這兩種都是比較早的靈籤，它們還不太完善。為甚麼說它們不太完善呢？因為它們太明白、太清楚，明白清楚就不一定能"廣泛應驗"。像上面第二例，一開始就來個"貴子當生"，要是求籤的人家剛剛喪妻喪子呢？要是人家不願意生育呢？要是人家男孩太多想要女孩呢？要是求籤的是個耄耋之年的老翁或尚在總角的稚童呢？豈不是自討沒趣或牛頭不對馬嘴！這就不吻合《周易》以來卦爻辭含蓄神秘的風格，也不吻合占卜預測術裏的"廣泛適應性原則"了。所以後來的寺廟裏靈籤多是有籤文而無解說的，另有籤書在專司其職的人手中，當人求到某一籤，就可以從這些籤書中找答案，或拿到一張解籤的紙條自己去琢磨，而這些解籤的紙上寫有種種答案，分別對應"功名""子息""婚姻""家宅"等問題供人按圖索驥。現代德國漢學家龐緯（Werner Banck，1941－2002）所編的《中國靈籤研究》中收集了相當多的靈籤，我們從中隨意取兩例來看看，如《孚佑帝祖靈籤》的"癸未（下）籤"：

　　【籤文】張君瑞憶崔鶯鶯。
　　【籤詩】分明一棵牡丹花，正值開時映錦霞，孰料無端風雨至，摧殘頃刻委泥沙。

　　毫無疑問這裏暗示的是一種不太妙的結果，頗有一點兒幻夢非真，鏡花水月，終究一場空的意味。但這是指甚麼？那就要問求籤者想問的是甚麼了。解籤的籤書中在"癸未（下）"這條籤文和籤詩下開列了"功名""生意""婚姻""求子""謀事""官司""失物""出行""疾病""家運"十項解說，求籤者可以根據自己的情況對號入座。又如《香港祖廟靈籤》的"武當山第十九籤"：

【籤文】上上大吉，萬物逢春之兆。

【籤詩】雲行雨施正春深，謀望求財說遂心，爭訟見官皆得理，貴人吉慶自相尋。（另一首籤詩略）

下面分別列出"自身""謀望""家宅""婚姻""行人""失物""官訟""占病"八項解說，和前一例不同的是，它的解說還是四句七言詩，意義比較含蓄，還是讓人猜一猜。不過它的末尾又附了一個總解說，其中說："此卦占自身、家宅、人口、婚姻、功名俱吉，六甲生男，訟勝，行人未至，山墳吉，失物見，疾癒，六畜田蠶吉，憂疑平安。"可見是個大大的好卦。

五、《周易》之流（二）：哲理

前面我們在介紹"十翼"的時候說到，《周易》本是一部占筮之書。本來只有卦、卦辭和爻辭，但後來卻成了一部哲理之書，被附益了很多道德、政治的解釋和宇宙、人生的哲理，成了指導古代中國人思想與行為的"群經之首"。這完全是"郢書燕說"的結果，是無數《周易》解釋家闡揚和發揮的結果。

歷代都有對《周易》的解釋，但有三個時期的解釋最為重要。第一個時期是戰國到秦漢，那個時代的人們已經開始有足夠的自信，他們有點兒不太相信占筮偶然的結果，能完全決定個人、家族與國家的吉凶禍福了。於是開始在“筮”的基礎上加上了“德”的作用，也就是在“天意”之外，也強調“人事”，因而對於《周易》的倫理化、道德化解釋開始多起來了，《左傳》裏面就有很多這樣的例證。而這些解釋漸漸被寫進了後人撰述的“十翼”裏邊。同時，那個時代的人們也漸漸有了成熟的智慧，在解釋《周易》時已經逐步離開了占筮而大講哲理，大概是因為這一時期哲學與科學思維的能力較發達，對宇宙起源與結構的興趣較濃厚的緣故。就像《莊子‧天下》說的“易以道陰陽”，這時人們談論《周易》時特別注重“陰陽變化之道”，其代表作是《繫辭》與《文言》。第二個時期是漢末魏晉，這個時期玄學盛行，人們一方面體驗人生的短暫與宇宙的永恆，充滿了言語難盡的悲涼感，一方面希望從哲理中找到對宇宙與人生的解釋，在哲理中獲得心靈的安慰，所以也十分關注《周易》。他們把《周易》《老子》《莊子》並稱“三玄”，在涵泳這些玄而又玄的思想時，琢磨宇宙與人生的根源，因而討論的主題多圍繞着“有”與“無”，究竟何者為宇宙、人生根源這一本體論中心。第三個時期是宋代，宋代是中國人理論思維最深刻的時代，這時的思想家面臨的一個重要問題是如何重新整合被佛、道等各種思潮攪得七零八落的思想，為人們提供一個可以解釋一切的理論框架與思維模式。所以，宋代思想家又來解釋《周易》，根據《周易》設計了一個包括解釋宇宙、社會、人類一切問題的起源、結構的圖式，用它來充當觀念的基石，由此產生了著名的《太極圖說》。這三次對《周易》的解釋當然都不吻合《周易》的本意，但它們卻豐富了《易》學，也豐富了中國的思想。下面我們就簡單地講一講"陰陽變化""有無"與"太極圖"的問題。

首先講"陰陽變化"。漢字字形常常保留了一些概念的本來涵義，比如從"阜"（後來簡化為左阝旁）的字本來多與山有關，從"邑"（後來簡化為右阝旁）的字本來多與城鎮有關，從"馬"的字當然本來指馬或與馬有關的事物，從"日"的字當然與日光相連。"陰""陽"二字從字面上來說，本來是山的南北兩面，山北背陽寒冷，山南向陽暖和，所以叫"陰""陽"，都從阜。但在古人心目中，很多自然現象似乎都可以和陰陽聯繫上。比如物理學意義上的冷與熱、濕與燥、重與輕、暗與明、下與上、反與正，生理學意義上的雌與雄、女與男，政治學意義上的臣與君、卑與尊，乃至中醫學上的虛寒與燥火、天文學上的太陽與月亮、生物學上的種種植物分類……都可以通過體驗聯想與陰陽一一比附，似乎這一切都可以分為陰、陽兩大類，而且這兩大類的互相平衡狀態，才是一種理想的和諧狀態。於是陰、陽在中國古代成了無所不包、無所不容的兩個大概念，這兩個概念可以解釋從宇宙、自然、社會到人類的一切現象。這樣人們碰到任何問題都可以說出個子丑寅卯來，而人們一旦對周圍各種現象都可以解釋，就有了安全感與自信心。而陰陽（以及五行）就是戰國時人解釋宇宙、自然、社會的一把鑰匙，也是戰國時人用以指導自己探索一切未知領域的一條途徑。

理論是人的一種需要，就好比一個人處在一幢黑洞洞的大樓裏需要燈光一樣，如果人在黑暗的大樓裏既不熟悉路，又開不了燈，就會感到恐懼，就會有一種孤立無援的感覺。如果人有這幢大樓的結構圖，可以隨意地從這裏到那裏，如果人有大樓各門的鑰匙，可以打開各間房間的燈，看清了周圍，包括牀底與角落，那麼就可以放心大膽，有了主人的自信。對於古人來説，陰陽就是鑰匙與燈光，不管它正確與否，它的確對任何事物都可以進行似是而非的解釋。有的解釋很有道理，得到過科學與經驗兩方面的驗證；有的解釋似乎還沒有得到科學的驗證，但它卻有着經驗的支持；有的解釋則似乎牽強附會，但它又很吻合人們的感覺。舉幾個例子，中醫學的"寒熱"論便是陰陽學説的運用，事實證明它很有道理。食療中選擇食品常分"清涼""燥火"兩類（前者如蘿蔔、梨，後者如人參、橘子），也是陰陽學説的運用，經驗證明它很對，但科學未必能解釋。至於漢代流傳的"晝生者類父，夜生者類母"，既沒有事實證明也沒有經驗支持，就只是陰陽觀念的類推與比附了。

　　不管如何，在中國古代，陰陽學説給人們提供了一把簡捷方便地開啟各類現象之門的萬能鑰匙。理論越簡明、越樸素就越能抓住人心，陰陽學説就是由於一來簡明，二來可以解釋一切現象，因而在古代中國乃至現代中國人心中產生了巨大影響。舉一個大家熟悉的例子，《紅樓夢》第三十一回"撕扇子作千金一笑，因麒麟伏白首雙星"中有個沒多少知識的丫頭翠縷，雖然不懂甚麼陰陽學説，但聽了史湘雲為她解釋陰陽的幾句話後，她就一下子明白了"蚊子、虼蚤、蠓蟲兒、花兒、草兒、瓦片兒、磚頭兒也有陰陽","主子為陽,奴才為陰"。因為人們很容易根據感覺上的正反、冷熱、明暗等經驗,把世界分成兩大塊,特別是中國人。

《繫辭》和《文言》就是在總結這種陰陽的哲理,它們認為天地、日月、四時、晝夜、男女等都是一對對陰與陽範疇,屬於陽的具有剛健、運動、熱、明亮、在上等性質,屬於陰的具有柔弱、靜止、冷、暗昧、在下等性質,宇宙一切都由這兩種彼此對立而又互相依存的事物構成。所以《繫辭》一開頭就說:

> 天尊地卑,乾坤定矣;卑高以陳,貴賤位矣;動靜有常,剛柔斷矣。方以類聚,物以群分,吉凶生矣。

就是說宇宙、天地、社會、人類都是一對一對的,它們各自具有尊卑、高下、動靜、剛柔的性質,這種對立依存的事物各安其位才形成了穩定的結構。同時它們又覺得,這些對立的現象又處在不斷變化之中,有循環,有衍生,有反覆,有依存。這就像日月交替、晝夜循回一樣,就像男女結合而衍生後代一樣,就像滄海桑田及高岸為谷、深谷為陵一樣,就像改朝換代、君臣易位一樣,萬事萬物的陰陽性質處在不斷變化之中,所以,不僅要承認陰陽的平衡形成了穩定結構,也要注意陰陽變化會不斷打破原有的穩定結構,在動盪變化中形成新的結構。八卦就是以陰陽為基礎演示變化,以預示吉凶的方法。它之所以可以"預測",就是因為它是以"—""--"模擬陰陽,以各種卦象模擬宇宙間陰陽變化的。

它等於是縮小了的、抽象化的宇宙圖式，就彷彿現代科學實驗室以小型實驗模擬宇宙大爆炸來分析宇宙起源與發展前景。因而它具有預測的準確性，或者說它能夠演示"天機"與"命數"。所以《繫辭》和《文言》的主要思想就是"陰陽變化"，用一句著名的話來說，就是"一陰一陽之謂道"。戰國時的思想家們認為，"陰陽變化"已經抓住了宇宙、社會、人類的根本哲理。

其次，我們來談談"有無"。戰國以後，關於宇宙、社會、人類的起源與結構的哲理日益發達，其中佔主要地位的是陰陽學說與五行學說。但是，陰陽五行學說對"本原"的解說還不夠精密深入。要說宇宙由陰陽組成，那麼陰陽又從哪裏來的？要說世界不外金、木、水、火、土五行，那麼五行又從哪裏生成？20世紀90年代發現的郭店楚簡有《太一生水》，說一切本原是"太一"，老子也說："道生一，一生二，二生三，三生萬物。"就算"一"是"氣"，"二"是"陰陽"，"三"是"天地人"，那麼生"一"的"道"又是甚麼？

這個問題在漢末魏晉時代受到特別的關注，是有它的思想背景的。當時的人們，尤其是知識界在動蕩的社會環境中產生了一種渺茫惆悵感，他們開始對生死，也就是對生存產生了懷疑。"生存"看上去是個不起眼的語詞，但它卻常是哲思的主題。因為這個語詞中包括了很多人生的重大意義問題。第一，人為甚麼生存，或者說人生存的意義何在？第二，人生存是甚麼樣的，是不是活着就是生存？第三，人能不能永恆生存，如果能，那麼怎樣才算永恆？這些問題引起了人們的焦慮不安，也引發了各種各樣的哲理討論，其中關於"有""無"的討論看上去很哲學，很抽象，但實際上，靶子卻正是這個具體的"生存"問題。

在這場關於"有""無"問題的討論中，最值得注意的是王弼所作的《周易注》，王弼是通過對《周易》的註解來談"無"的。中國古代有很多思想很奇怪，它不是直截了當說出來，而是藉助對古代經典的解釋來闡發的。這當然不算好現象，因為這說明人們不得不依傍聖人或經典的權威來證明自己的正確，也使得很多話不得不轉彎抹角兜圈子。但是，它也有些好處，一來是使思想闡發有連續性，可以讓人看清前後的繼承變化，二來是可以拉大旗做虎皮，說話有人聽。王弼也不例外，《周易》本是占筮之書，漢代被劃歸儒家經典，可王弼卻用了《老子》等思想來解釋它，"借屍還魂"使它變成了自己思想的基礎。後來，韓康伯更繼承了他的思路，在韓康伯的《周易注》裏有幾段話集中表現了這種關於"無"的看法，我們不妨來看一看。

在《易·繫辭》"一陰一陽之謂道"一句是這樣解釋的：

> 道者何？無之稱也。無不通也，無不由也，況之曰道，寂然無體，不可為象⋯⋯陰陽雖殊，無一以待之，在陰為無陰，陰以之生，在陽為無陽，陽以之成，故曰一陰一陽也。

把這段話譯成白話就是：甚麼是"道"呢？"道"是"無"的名稱。"無"無處不在，無處不通，一切都從"無"中生出，把它叫做"道"，但它寂然空曠，沒有形體，不能描述。陰、陽雖然不同，但在"無"的狀態下卻是一樣的，在"無"的狀態中，陰還不具有陰的性質，但陰又要從無中生出，陽也不具有陽的性質，但陽也是從無中產生，所以說一陰一陽是"道"，是因為陰陽從"無"而生。

《周易・乾卦》的象辭下面又注：

> 形也者，物之累也。

這句話譯成白話就是：一切事物的形體，就是使它不能永恆的累贅。

《易・繫辭》"易，無思也，無為也"一段下面韓康伯注：

> 夫非忘象者則無以制象，非遺數者無以極數，至精者無籌策而不可亂，至變者體一而無不周，至神者寂然而無不應。

這段話譯成白話就是：只有忘掉形象的，才能控制形象，不能忘掉數字的，就不能達到數字的極限。最精明的人雖沒有占筮的算策，但沒有事情會使他混亂；最懂得變化的人雖然只體驗至道，但能顧及一切；最神靈的人心中雖然一片虛空，但卻能回應外在一切問題。

這裏大概包含了三層意思。第一，"無"就是"道"，就是宇宙本體，一切事物包括陰、陽兩大基本元素都是從"無"中來的。"無"既是無又是有，"無"中能生"有"，"有"卻不能生"無"，因此"無"並不是一無所有，而是一種暫時靜止潛伏的無象無形狀態，只有在這種狀態中才含蘊了永恆的生命力，而"有"則處在不斷變化的狀態中，終將歸於消亡。第二，"有"則有了形有了象，但有形則恰恰是生命的累贅，它使事物（包括人）不能永恆，一旦從無到有，這"有"就處於變化中，從生走向死亡，人有形就如同俗話說的有了"臭皮囊"，就會有生死流轉，物有形則將物體放在時間之中，石會風化、樹會枯死、滄海會變桑田。所以，應當擺脫外在軀殼的束縛，超越時間的裹挾，拋開世俗事務，回到時間尚未開始、形體尚未形成的"無"中，這樣就可以永恆地保持生存。而人生中的"無"並不是指真的回歸到嬰兒狀態，而是指回歸心靈中一片"寂然無體"的感受，人不應當畏懼這種超越的空寂，而應當投入這種空寂的超越之中，在心靈的"無"中體驗永恆境界。第三，既然"無"是生存的永恆狀態，那麼人們對生死也不必看得過重，生是從無到有，死是從有歸無，生死只是人生旅途中的驛站，從這一站到那一站，只是普遍的事，關鍵在於人能否"處有而常無"，就像王弼說的"忘象""忘形""遺數"，就是生存在世，卻不為生存、世事所束縛，永葆心靈的恬淡與滿足。如果真能如此，生存問題就已解決，有形而忘形，有物而不累於物，有生死而不被生死所苦，有世俗之事而不以世俗之事為念，於是生存與超越便在心靈中達到了統一。

王弼（226—249 年）是一個不到三十歲就去世了的年輕學者，他之前的《周易》闡釋，非常繁瑣複雜，要懂很艱深的數理，要花大力氣層層推導，對年輕的天才來說，實在是很囉唆很無趣，所以他解釋《周易》，完全拋開所謂"象數"，直探內在哲理，為生死與超越尋找依據。因此，這一思想對魏晉以後的人影響非常之深，所謂魏晉的"名士風度"──魏晉名士的瀟灑透脫和不負責任、曠達飄逸和隨心所欲、清通豁朗和無所事事，都和這種思想有關。它還和佛教般若學的"空"逐漸合流，在中國人尤其是文人、士大夫心中留下了極深的痕跡。

最後，我們簡單地談談"太極圖"。《繫辭》曾提到過一種宇宙生成與結構的設想："易有太極，是生兩儀，兩儀生四象，四象生八卦。"但是，《周易》中並沒有對此展開討論。漢唐以來，學者多認為"太極"是宇宙起源之初"元氣"未分的混沌狀態，也就是"道生一，一生二，二生三"的"道"或"無"。宋代初期則有人把它說成是"一"，也就是"元氣"，說"太極者一氣也，天地未分之前，元氣混而為一。"而到了著名的理學家周敦頤，則把這兩種不太一樣的說法統一起來，提出了一個包括宇宙起源、宇宙結構，以及宇宙、社會、人類演化規律的理論與圖式，試圖給人們提供一把解釋一切現象的總鑰匙。這個圖式就是著名的"太極圖"，而這一理論則集中在他的《太極圖說》之中：

　　　無極而太極。太極動而生陽，動極而靜，靜而生陰，靜極復動，一動一靜，互為其根。

所謂"無極而太極"，其實就是"無中生有"或《老子》"道生一"的意思。"無極"在這裏實際上就是宇宙尚未出現時空無靜寂的狀態，"太極"則是宇宙初始之時混沌一片的狀態，它包孕了陰、陽基本因子在內，動則陽生，動極則靜，靜則陰生，陰陽一生則開始有了天地，有了一切，就彷彿《老子》的"一生二，二生三"，陰、陽這一動一靜互相循環，則開創了萬事萬物，所以説是"根"。那麼陰、陽互動之後形成的宇宙又如何呢？《太極圖説》接着寫道：

> 分陰分陽而兩儀立焉，陰變陽合而生水、火、土、金、木。

就是説陰、陽二氣上升下降形成了天地，陰陽變化又產生了金、木、水、火、土五行，五行便是萬事萬物的基本元素。這樣陰陽和五行學説便在一個簡潔明了的理論表述中結合在一起了，宇宙的起源和結構理論也就可以用一個簡單清晰的"太極圖"來顯示了。

太極圖

宋代以後，這個“太極圖”成了中國宇宙觀念的象徵，但也受到了很多人的批評，其中最嚴厲的批評來自儒家學者自身。他們認為“太極圖”出身不正，是竊取了道教的說法，是由宋初道士陳摶首先提出來的，所以它不能作為儒家宇宙觀念的象徵。其實這種見解只是一種故步自封的門戶之見。就算它是道家的東西又怎麼樣呢？道家不也是中國古代思想世界的組成部分嗎？道家可以從被冊封為儒家經典的《周易》裏吸取營養撰成《周易參同契》之類的著作，儒家為甚麼不可以從道家那裏吸取有用的東西建構自己的宇宙圖式？在漢、唐、宋千餘年裏，儒、道兩家早已互相滲透融匯得很深了，何必還要為了門戶之見而彼此拒斥，生怕沾上對方一絲顏色呢？這種批評顯然只是一種迂腐見解的產物，更何況這個“太極圖”總結和繼承了《周易》以來中國人對宇宙的總看法，它已經形成了一個可以充分自圓其說的理論體系。不管它是對是錯，是否合符經驗或科學，在當時知識水平下，它足以似是而非地解釋人們所需要解釋的一切，包括物理、化學、生物學、醫學、政治學甚至文學的問題，可以支撐起人們面對世界時的自信心。因此它很快滲入了人們的心中，成了中國人體驗世界、解釋世界的一個模式或框架。所以任何簡單的、偏執的批評都不能解決問題，我們現代的人只能對它進行客觀的、公正的解釋，並用歷史的、寬容的態度對它進行分析，分析從《周易》到《太極圖說》的漫長歲月中，中國人思想世界的演變歷程。

【文獻選讀】

1.《周易》卦爻辭

【卦辭】
乾：元、亨、利、貞。

【爻辭】
初九，潛龍勿用。

九二，見龍在田，利見大人。

九三，君子終日乾乾，夕惕若，厲無咎。

九四，或躍在淵，無咎。

九五，飛龍在天，利見大人。

上九，亢龍有悔。

用九，見群龍無首，吉。

2.《周易・繫辭上》

天尊地卑，乾坤定矣。卑高以陳，貴賤位矣。動靜有常，剛柔斷矣。方以類聚，物以群分，吉凶生矣。在天成象，在地成形，變化見矣。是故剛柔相摩，八卦相盪。鼓之以雷霆，潤之以風雨；日月運行，一寒一暑。乾道成男，坤道成女。乾知大始，坤作成物。乾以易知，坤以簡能。易則易知，簡則易從。易知則有親，易從則有功。有親則可久，有功則可大。可久則賢人之德，可大則賢人之業。易簡而天下之理得矣。天下之理得，而成位乎其中矣。

【參考書目】

1. 《周易正義》，【魏】王弼注，唐孔穎達疏，《十三經注疏》本，中華書局，1980。
2. 《周易古經今注》，高亨撰，中華書局，1957。
3. 《周易大傳今注》，高亨撰，齊魯書社，1979。
4. 《周易譯注》，黃壽祺、張善文撰，上海古籍出版社，1989。
5. 《周易今注今譯》，陳鼓應撰，商務印書館，2016。
6. 《周易經傳溯源》，李學勤撰，長春出版社，1992。
7. 《八卦與占筮破解》，詹鄞鑫撰，中州古籍出版社，1990。

《論語》：禮與仁

鳳凰不降臨，黃河不出圖了。在貴族黃金時代結束的前夜，一個依戀傳統知識文化修養的理想主義者，憑了舊經驗為新病症開處方。儘管說孔子彷彿總是"藥方只販古時丹"，可是，他從"禮"到"仁"，身後卻開出了儒家中國幾千年的思想大潮流。

歷史上很多了不起的大人物，像耶穌、穆罕默德以及釋迦牟尼，其實都未必有著書立說的心思。他們是入世者，胸中有大理想、大抱負，要宣揚一種道德來匡正天下人心，要建立一種宗教來拯救芸芸眾生，這都不是一兩本書能做到的，他們更注重的是行動。

不過，大人物們往往也會成為著作家。人一旦成了大名，有了信徒，後人就常給他編全集，編選集，編語錄，把他生前說過的言論寫下來，甚至連他沒說過的言論也寫下來。像釋迦牟尼，他生前能"講"出這幾千卷佛經嗎？就算他成天不停口地演說，恐怕也難說出那麼多道理來。可是後來佛經一開頭總是"如是我聞"，好像都是親耳聽到的佛陀言論，其實好多好多都是他的弟子、弟子的弟子、弟子的弟子的弟子們編的，不過一旦編定並被後人認可，這著作權也就算是佛陀所有了，這本書也就身價不凡成了經典。這在古代彷彿是司空見慣的。春秋末年的孔子雖然算個學者，整理典籍教育學生，但生前也並沒有自己的著作。這裏要介紹的《論語》雖然通常都被認為是孔子言行錄，但也不是他生前編定的，而是他的弟子或弟子的弟子在他去世之後給他編的。所謂"論"，就是編次、編輯的意思，所謂"語"，就是語錄、言論的意思，"論語"二字合起來，就是"編次的語錄"。誰的語錄？當然是孔子的語錄。

可是記憶總是會出差錯的。孔子的弟子或弟子的弟子們事後回憶孔子生前言行，不免有失實之處；各人聽到的和想起的都不一樣，不免會重複或矛盾；對聖人的敬仰之情及對先師的崇拜之心又使後人忍不住畫蛇添足，於是，不免會有附益或添加，特別是當時並沒有"版權所有"或"經本人審閱"這一套嚴格的規矩。《論語》由孔門弟子各自追憶記錄，各自傳授門人，所以今天我們所看到的《論語》實際上是經過了不斷增刪改訂，在孔子身後大約百餘年才編成的一本孔子言論集。因此我們在談《論語》其書的時候，順便談談孔子這個人，也順便談談讀古書的人都應當了解一些的文獻知識，也就是關於古書的常識。

一、瞧，那個人是孔子！

有關孔子生平最重要的資料，除了《禮記》、《史記》的《孔子世家》和《仲尼弟子列傳》之外，最重要的是《論語》第十篇《鄉黨》。在《鄉黨》篇裏面記載，孔子是一個很講究禮儀的人，據說，如果他看見別人家有人穿着喪服，雖然很熟悉，臉色一定要嚴肅，表示同情和哀悼；見到戴着冠冕的人，雖然很親近，但臉色也要很莊重，表示鄭重和尊敬。他覺得，最好是讓每個人，都像在接待重要賓客或舉行大祭祀的場合一樣，言行舉止非常整齊恭敬，而且講究秩序。從資料中看，他在鄉里是一個"溫良恭儉讓"的人，在朝廷是一個知無不言，但又很嚴謹的人，對下級士大夫說話和顏悅色，對上級士大夫說話不卑不亢，面對君主，則嚴肅恭敬，一臨大事，便有戰戰兢兢、如履薄冰的心情。總之，作為一個人，他的態度是很謙恭的，行為是很莊重的，日常是很講究教養的，很顯然是一個追求紳士風度的人，而且孔子自己也非常強調這種風度，這種風度在那個時代就是貴族應有的教養。所以，他看到學生宰予白天睡覺，就很惱火，並不是說白天睡覺有甚麼問題，而是他覺得你應該在該睡的時候睡，不該睡的時候就不能睡，所以才很不高興地說："朽木不可雕也"。如果我們結合那個時代的歷史背景來看，他其實就是一個在禮崩樂壞的時代還講究教養、講究分寸，甚至有些刻板地恪守禮儀的人。

那麼，他在生活中究竟是個甚麼樣的人呢？我們不妨看看孔子本人的生活。首先看穿衣，孔子很講究在甚麼場合穿甚麼衣服。私下裏穿的衣服，不能用紅色和紫色；夏天見外人，儘管很熱穿着"葛服"（就是葛草編織的衣服），也一定要在外面加上外衣。在大祭祀的日子裏不可以脫衣睡覺，也不能夠穿着祭祀時穿的衣服睡覺，一定要另外備衣。如果別人家有人去世，去弔喪絕不可以穿羔裘。每到初一，一定要穿着正式朝服去出席儀式。也就是說，不同的時候、不同的場合、不同的身份、不同的客人、不同的氣氛，衣服都應當不同。因為對於儒家來説，衣服不僅僅是一種外在的裝飾，而且是對內心的一種制約，它是一套象徵。在孔子儒家看來，它也可以建立一套秩序，因為象徵本身是有涵義的，雖然象徵是人創造的，但它反過來是制約人的。

接下來我們看"吃"。孔子是怎麼講究"吃"的呢？大家可能都知道一句話，叫"食不厭精，膾不厭細"，好像是説孔子吃得好刁鑽。孔子對吃確實是很講究的，作為最後一個貴族傳統的繼承者，他有很多講究。他説："肉雖多，不使勝食氣"，就是説，肉雖然吃得多，但是不能夠使它壓住自己的"氣"。"唯酒無量，不及亂"，酒可以喝很多，但是不能夠喝醉到胡説八道的程度。肉切得不"正"，不合刀法不吃。沒有合適的醬不吃。市場買來的酒和肉不吃。吃飯的時候不要説話，睡覺的時候要安靜入睡，不要嘮叨多話。無論是好的飯菜，還是不好的飯菜，面對着它都要恭恭敬敬地吃。顯然，這不僅是"吃"，也是一種對日常生活上的修養和氣度的追求。

那麼，他的"行"又如何呢？貴族士大夫出行，當然是要坐車，孔子也算是貴族，不過，按照孔子的説法，君子坐車是有講究的。如果女性坐在車上，君子上了車以後，"必正立"，一定要站着，而且要扶着"綏"，"綏"就是車上防止人掉下車的繩子，因此是一定要正立，並抓牢那個繩子。而且在車上，君子也不能四面亂看。按照朱熹的解釋，在車上，如果婦人坐在後面，那君子就只能往前看，而且視線不能超出車前的兩邊。作為一個貴族，孔子很追求這一套生活的規矩，他覺得這是一個士大夫必需的教養，更是一個社會政治秩序的基礎。孔子的理想，不光是他自己遵循這種規矩，而且使整個中國恢復西周以來在貴族社會中逐漸形成的這麼一個生活方式和生活態度，而在這個生活方式和生活態度的背後，則是他對當時社會等級秩序和貴族傳統的認同。

當然，孔子不僅僅是一個有貴族生活教養和有等級社會觀念的人，他也是一個博學和有文化的人。他不僅有藝術修養，有各種本領，也有經典知識。據說，他曾經向當時最好的音樂家師襄子學習音樂，精通六藝，即射、御、書、數、禮、樂，同時又熟讀各種古代的經典。他曾經說，五十歲的時候他還要學《周易》，更不消說《詩》和《禮》了。據說，他還整理過《春秋》，也就是魯國的史書。據說，他非常博學，這裏有幾個故事，不一定可靠，不過可以看出在古人的回憶和想象中，他是個知識非常豐富的學者。有一個故事說，當時魯國的貴族季桓子，他的家人在打井時挖出一個土缶，裏面有東西，形狀好像羊。季桓子聽說孔子很有學問，就故意來考較孔子，說我們家打井挖出來一個東西，它像狗。孔子很誠懇地告訴他說，以我所知，恐怕不是狗，而是羊。他說，木石之怪是夔、魍魎；水裏面的怪是龍、魍象；土裏面的怪就叫蕡羊，所以，你說的那個東西恐怕是羊。

再有一個故事，據說當時的會稽地方，發現了巨大的骨頭，一根骨頭就有一輛車那麼大，人們都不知道是甚麼東西的骨頭。孔子就說，這是防風氏，也就是古代一個部落酋長的骨骸，因為防風氏就是傳說中所說的大人、巨人。

還有一個故事，也說明他的博學。一隻大鳥掉落在陳國，身上有一支箭，箭有一尺多長，前面的箭頭是石頭做的。陳國國君問孔子，這隻鳥是從哪裏來的呀？因為古代人很迷信，看到鳥掉下來，身上又有箭，他就不能不問。孔子就說，這是從肅慎來的，肅慎這個地方在扶餘國之北，要走六十多天才能到，這隻大鳥是被肅慎人射了，但是它一直飛到了這兒，精疲力盡才掉了下來。

可見，孔子很博學，儘管以我們現在的眼光來看，他的知識未必那麼科學，但我們不能不說，他在當時算是最淵博的學者。

不過，他本來並不是想當個博學家，他最終的志向還是用周代傳下來的禮儀和倫理，挽救這個貴族衰落、禮崩樂壞的時代，重建一個有秩序的周王朝。據說有一次，孔子問他的學生子路、子貢和顏回，看看他們是不是能夠了解自己的理想。子路和子貢不太能夠理解孔子的想法，他最好的學生顏回則說，您的志向非常大，所以天下容不下您，因為您是要恢復整個天下禮儀的秩序。孔子當時非常感慨，他說，真對呀顏回，你說得太對了，如果你是一個富有的人，我真想給你去當管家。他的意思就是說，顏回才是真正理解自己的人。然而，時過境遷，當時整個東周王朝已經秩序大亂，天子只是龜縮在現在洛陽那個地方，要靠原來下面的諸侯奉養才能維持，就連孔子所生活的魯國，雖然原來也是屬於禮樂正宗之國（因為魯國是周公的封地），但是禮儀制度也幾乎崩潰。孔子雖然很努力，但一直沒有機會實現他的重建秩序的抱負。除了魯國，他先後到過衛國、齊國、陳國、曹國、宋國、鄭國等等，但始終不得志，在魯哀公十二年（前483），他在外面流亡了十四年後，還是回到了故鄉魯國，以他的博學知識教育學生，做一個教師。魯哀公十四年（前481），他聽說魯國狩獵打到了麒麟，他很悲哀；同一年，他的最好的學生顏回也死了，因此，他很悲哀地說："鳳鳥不至，河不出圖，吾已矣夫？"這說明他在那個時代是一個悲劇人物，是不是斯文要掃地了呢？恐怕是，因為"甚矣吾衰也，久矣吾不復夢見周公。"再過兩年，魯哀公十六年（前479），七十三歲的他，就在悲哀中去世了。

孔子不仕退修詩書圖

二、《論語》其書

前一節裏我們說孔子的理想是挽救這個禮崩樂壞的社會，當一個政治家。他曾遊說列國諸侯，希望實現他的理想，可是他除了一小段時間當過官以外，一直沒有機會在政治舞台上大展宏圖，於是只好退居家中教導弟子。而他對後世的巨大影響主要就是通過教學與演說產生的，像人們非常熟悉的"學而時習之""三人行必有我師""己所不欲勿施於人""仁者愛人"等箴言式的語錄，就是他平時教育弟子的話語，至今還流傳不絕，在現代中國人的心中產生影響。

《論語》就是他一生言論及行為的總記錄。《論語》大多是短小精悍的問答體，也有一些敍事性文字，共分二十篇，分別是《學而》《為政》《八佾》《里仁》《公冶長》《雍也》《述而》《泰伯》《子罕》《鄉黨》《先進》《顏淵》《子路》《憲問》《衛靈公》《季氏》《陽貨》《微子》《子張》《堯曰》。這二十篇分篇並沒有內容上的意思，大概是當時根據竹簡捲起來方便與否而分的，每篇之間沒有一定的中心思想的差異，它們的篇名也只是摘取每篇開頭兩三個字而來的，像《學而》就是因為這一篇開頭是"子曰：學而時習之"，《憲問》就是這一篇開頭是"憲問恥"，這大概是為了寫在竹簡卷的邊上以示編次而用的，並沒有特殊的意味。

那麼，《論語》究竟是誰，在甚麼時候編的？從古到今大約有三類說法。

第一，孔子在世時就編成，並經過孔子本人審定。這種說法最早是南朝梁代的皇侃在《論語義疏》裏提出來的，清人廖燕《二十七松堂集》、李塨《評乙古文》都堅持這一說法。可是他們並沒有甚麼文獻上的依據，主要根據來自"大聖人經天緯地之文，豈他人可能代筆耶"，"聖人之言，固為後世諸子之所莫及"這樣一個觀念。換句話說就是，孔子是大聖人，聖人的語錄是不能偽造的，也是偽造不來的，這些話都是聖人之言，必然是經過孔子本人認可的，否則弟子不能編也編不了，所以說是"必被（孔子）印可，乃得預錄。"這種說法當然靠不住，因為這並沒有文獻依據，只是他們太崇拜和迷信孔子的心理，才使他們如此維護孔子聖人和《論語》聖經的權威，其實《論語》裏有的記載分明是第三者對孔子言行的敍述，有的記載分明是孔子死後的事情，絕不可能是孔子自著。

第二，孔子弟子編定。早在西漢末年，劉向就持這種說法，東漢班固的《漢書·藝文志》《白虎通義》，王充的《論衡·正說》等都曾提到《論語》是孔子弟子所編，但他們都沒有確指是哪幾個弟子。明確說出弟子名字來的，最早是東漢鄭玄，清人宋翔鳳輯鄭玄《論語序》裏說，《論語》是孔子的學生仲弓、子游、子夏編定的。後來不少人都同意這種看法，只是對編者人選各有小異。但是這種說法也有一點難以解釋清楚的地方，即鄭玄說仲弓、子游、子夏編《論語》究竟有甚麼依據？後來有人替鄭玄的說法找根據、做補充。根據有兩條，一是某篇記哪一個弟子言論多，就是哪一個弟子所輯，可是這樣一來就麻煩了，《憲問》裏原憲言論多，《先進》裏閔子言論不少，是不是編者中又要加上原憲和閔子呢？二是稱哪位弟子為"子"，就說明編者是這位弟子的晚輩，如宋陸九淵《象山語錄》認為《論語》中除孔子外，有若、曾參也稱子，古代"子"是尊稱，就好像如今稱"先生"，所以陸九淵說《論語》應該是比有若、曾參年輕的子夏等人編的。可是，這個說法也有問題，晚輩可以晚幾歲，也可以晚幾十歲，為甚麼這個編《論語》的晚輩就一定是有若、曾參的同門師弟而不能是他們的後輩弟子呢？

第三，戰國中期儒家學者陸續編定。這個說法起源較晚，但最為可靠穩妥。唐代柳宗元在《論語辯》裏曾提出過一個疑問，他說《論語》中記載了曾子（曾參）之死，"則去孔子也遠矣"。這個疑問很有力，後來文獻學家就進一步順藤摸瓜，提出了更多疑問。首先，《論語》裏記載的人與事，不少都是孔子死後很久才發生的，所以不可能在孔子死後就立即定型成書，必須到戰國中期才能編定，否則記不了這些較晚的人與事。其次，戰國中葉的孟子直接引述孔子語錄二十八條，間接引述孔子語錄四條，但和《論語》相同的只有十二條，其中還有些略有差異，如果《論語》早已編成，那麼怎麼可能相差這麼大？而《論語》缺少的二十條中，有的還很重要。如果《論語》早已編成，那麼孟子又從哪裏搜羅來那麼多語錄？它們能得到儒家後學的一致承認嗎？

那麼，為甚麼說它是戰國中期儒家學者陸續編定的呢？清代人崔述所舉出的幾方面理由曾受到梁啟超《古書真偽及其年代》的稱讚。崔述認為，《論語》前十篇從《學而》到《鄉黨》是較早編的，後十篇尤其是後五篇是較晚編的，出自不同編者之手。他的理由是：第一，從文體上看，前十篇文體簡單短小，而後十篇中有長篇文字，像"子路、曾晳、冉有、公西華侍坐"一章是四百十五字，"季氏將伐顓臾"一章是二百七十四字；前十五篇沒有總結性文字，後五篇則大多有這類文字。第二，從稱謂上看，前十篇記孔子的話一律是"子曰"，而後十篇則有"孔子曰""夫子曰"，這是因為後十篇晚出，該尊稱"子"的人多了，所以要專門分別。此外，前十篇記載弟子問話的格式大多是"某某問某"，絕無"某某問某於孔子"，而後十篇則不同。第三，從史實來看，後十篇裏有一些記載舛誤處，像"佛肸召，子欲往"，"公山弗擾以費畔，召，子欲往"，前一則見於第十七篇《陽貨》，佛肸是趙簡子的中牟邑宰，他憑依中牟叛變時，孔子已去世，根本不可能來召孔子，孔子也根本不可能"欲往"；後一則也出自《陽貨》，公山弗擾是季氏門下，又叫公山不狃，他據費叛變時，孔子正當大司寇，顯然不會去參加叛亂。又比如在第十六篇《季氏》中，"季氏將伐顓臾"一章記"冉有、子路見於孔子"，可是冉有年紀很小，到孔子晚年才從政，子路年紀很大，和孔子相去無幾，兩人不可能同時為季氏服務。以上都是史實上的差錯，這些錯誤不會是當時人犯下的，只能是隔了很久、記憶模糊的後代人犯下的，可見後十篇屬於後輩人所編。第四，從思想上看，後十篇有不少悲觀厭世，與老莊風格接近的文字，像"長沮、桀溺耦而耕"（見於第十八篇《微子》），"子路、曾晳、冉有、公西華侍坐"（見於第十一篇《先進》），和前十篇不太一樣。

　　崔述的觀察很準確，《論語》前後的確存在差異。我在這裏還可以補充一點，即前十篇中，八篇以記言為主，第九、第十篇則有記事傾向，似乎是在為前八篇拾遺補闕並做收束，可能編者認為已大體編成而收尾了。可是，第十一篇起又重新記錄言論，似乎又開始一個新的輪次，所以大體可以相信，前十篇成書較早，自成單元，後十篇則是陸續補編的，可能是孔門弟子各自的後人補充追憶而編在前十篇之後的。

三、從"禮"到"仁"

雖然《論語》不是孔子親自審定編集的而是後人陸續編成的，可是畢竟它最真實可靠地記敍了孔子的言行，所以要談論孔子的思想，最重要的資料還是這部《論語》。

孔子的思想到底是甚麼呢？歷史上，孔子的面孔曾被塗來抹去，一會兒是紅臉聖人，一會兒是白臉奸人；有時候還成了花臉，讓人琢磨不透，有時候又成了鼻子上點了白點的丑角，叫人覺得滑稽。像先秦的古書裏，孔子是個道德思想家，他的話既親切又有學問，像個老教授；漢代神秘主義興起之時，孔子就有些玄乎了，在讖緯書裏，他好像一個渾身充滿了巫師氣味的預言家；唐宋以後，孔子恢復了正派人的身份，可地位越來越高，好像是拯救靈魂的神祇，他那些平常的話也變得玄乎起來，好像充滿了哲學、心理學知識；到了"五四"時代，他又彷彿成了閻羅殿中的總頭領，把"吃人的禮教"當鎖鏈，拴着人的手腳脖子往死路上領。現在，孔子又成了中國文化的總代表，被越捧越高，曲阜衍聖公府大興土木，闕里賓館富麗堂皇，又是祭孔，又是觀禮，外帶演劇拍電視，好像孔聖人榮歸故里又復生於世了。

那麼，真實的孔子在歷史上究竟是個甚麼人？他的思想在古代中國又是甚麼地位呢？前面我已經講了，他是貴族社會秩序逐漸崩潰的時代中，一個依戀貴族修養、懷抱"補天"理想的人。在個人行為和思想上，他對"教養"很推崇，對"禮儀"很重視，而在社會政治和秩序上呢？在我看來，孔子是一個新舊交替時代的溫和改良主義者，他的溫和改良思想有兩個字最為緊要，一個是"禮"，一個是"仁"。

甚麼是"禮"？古人解釋說"禮，履也"，就是一個人必須遵守的規範和履行的責任。一方面它是一套外在的制度（即通常所說的"禮制"）；一方面它還是一套內在的觀念（即後人常說的"道德準則"）。古代中國社會結構和希臘、羅馬不太一樣，維繫古代社會結構穩定的不是奴隸主貴族和平民奴隸兩大階層的對立和控制，而是由親疏遠近的血緣關係和上下分明的等級關係混融起來的各階層的差異與和諧。據說周王朝尤其如此，它是由長幼分宗、婚姻繫連、嫡庶區別等一系列形式建成的一個巨大的金字塔式結構，塔尖、塔身、塔基之間既有層層壓迫的等級關係，也有互相依存的親緣關係，使這些關係不至於混亂無序的制度叫做"宗法制度"，而禮就是維護宗法制度的外在形式，支持它得以成立的觀念就是宗法觀念。

禮的內容十分廣泛。其中包括婚姻制度，這是區別通婚姓氏使之不會亂倫而又可以異姓通好的保證，也是維持血緣關係等級使之不會上下失序的保證；包括喪服制度，這是釐清親族關係遠近、家族內上下等級的方式，也是維護一族一家內血緣紐帶的方式；包括鄉飲酒、士相見等行為準則，這是調節親族、鄉黨及士與士之間人際關係並使之融洽的辦法；也包括朝覲、聘問等君臣之間的儀節，這是維護等級尊卑及上下合作關係的法則。所以，禮實際上像一部軟性法規，它把家庭、宗族乃至國家中各色人等的關係規定得清清楚楚，使他們各守本分，不至於亂套。就像《禮記・經解》裏所説：

> 朝覲之禮，所以明君臣之義也；聘問之禮，所以使諸
> 侯相尊敬也；喪祭之禮，所以明臣子之恩也；鄉飲酒之禮，
> 所以明長幼之序也；昏（婚）姻之禮，所以明男女之別也。
> 夫禮，禁亂之所由生。

最後一句，説得再明白不過，有了禮，等級秩序就不會亂，因為它規定了每一個人在這個等級金字塔中的地位、義務與責任，人們遵循這些禮，金字塔式的社會結構就不會坍塌或鬆動。

孔子很推崇這套禮儀制度，《論語》裏"禮"字出現 74 次，講到禮的地方有 49 處。為甚麼呢？因為孔子生活的那個時代秩序已經亂了，王不像王、侯不像侯，過去等級低的人有些竟然爬到等級高的人頭上去發號施令，有的等級高的人居然被打翻在地成了奴僕臣子，那座金字塔已經搖搖晃晃快支撐不住了，這怎麼了得！在這種混亂中，孔子當然憂心如焚，他希望穩定，穩定必須有序，有序天下才能安定，所以他一再呼籲人們要"克己復禮"（《論語・顏淵》）。我們從《論語》中可以看到，他一再批評不知禮、不守禮而亂來的人，像季氏使用八佾（一種八八六十四人排列的舞蹈，按禮制規定只有天子才有資格享用），僭越了自己的身份，孔子就說"是可忍也，孰不可忍也"（《論語・八佾》）。他也時時表揚知禮的人，儘管他們只是做了一點樣子，孔子也熱心表彰。像鄭國大夫子產行為莊重，事奉君主恭敬，孔子稱讚他有"君子之道"（《論

語・公冶長》）；子貢可惜告朔祭禮上作犧牲的羊，覺得浪費，孔子就諷刺他說，你愛惜羊，我更愛惜禮（《論語・八佾》）。他覺得禮維持得好，天下就有秩序，天子就有權有威，禮維持得不好，天下亂起來，權威就分散到諸侯甚至家臣手中，局勢就沒法控制了，這就叫"天下有道，則禮樂征伐自天子出；天下無道，則禮樂征伐自諸侯出"（《論語・季氏》）。他特別依戀和仰慕西周初期那種井然有序的時代，一再聲稱自己要追隨西周的制度，教育人們要懂得"尊尊親親"的道理，要"正名"，也就是確立和肯定每個階層的名分和地位。因為"名不正則言不順"（《論語・子路》），名分一旦確定，就能使君像君、臣像臣、父像父、子像子，而且他告誡人們，要"非禮勿視，非禮勿聽"（《論語・顏淵》）。

可是，如果僅僅是抱殘守缺式地維護周禮，那麼孔子的思想就太迂腐了，實際上孔子既是禮的繼承者，又是禮的改革者，只不過他很清楚時代已經變了，所以，不像其他激進的改革者那麼冒進，採取全盤否定或整個拋棄的方法罷了。他採用的是"禮"與"仁"結合的方法。本來，禮的主要內涵就是兩方面的，一是區分上下、尊卑、親疏、遠近，使之有差別；二是協調上下、尊卑、親疏、遠近，使之更和諧。前者重在"分"，後者重在"和"。後者的基礎就是人有慈愛仁厚之心，只是這一面始終沒有被足夠地認識和使用，而孔子則以"仁"這一概念使後者有了堅實的心理依據，加強了"禮"的協調功能，使等級森嚴的宗法制度轉向充滿溫情的人際關係，也使禮的兩面功能都得到了充分運用。

《論語》裏"仁"字比"禮"字還多，有 105 個，論述"仁"的地方有 58 處，那麼，甚麼是"仁"呢？簡單地説，就是對人要有愛心，也就是"仁者愛人"。怎麼愛？不是戀人的愛，也不是朋友之愛，它的基礎是道德理性，是一種自覺的互相體諒與尊重。對於外人，"己所不欲，勿施於人"（《論語‧顏淵》），要講忠恕；對於自己人，則要孝悌、恭順、敏惠、寬容。其中"孝"很重要，因為這是所有愛心的基礎，在家對父母孝順，這種孝順擴大到社會，就是臣下對君王的忠誠，《論語‧學而》裏説：

> 其為人也孝弟，而好犯上者鮮矣，不好犯上而好作亂者，未之有也。君子務本，本立而道生。孝弟也者，其為仁之本與？

當然，仁的內涵遠不止這一點，但是它的核心就是這種由血緣而擴展的"愛"，兒女愛父母，兄長愛弟妹，父母愛兒女，弟妹愛兄長，臣民愛君王，君王愛臣民，使家、國都和睦，這便叫"禮之用，和為貴"，只是要注意身份不能混亂，所以又説："不以禮節之，亦不可行也。"（《論語‧學而》）禮還是要的，但禮不能僅僅靠嚴格的等級秩序，還要有溫馨的仁作感情紐帶，不能光靠形式上的服飾、儀節，還要有內心的道德意識。這樣，禮就有了全新的、內外結合的內涵。孔子認為，有了仁，禮就多一分溫情，少一分嚴酷，社會就可以穩定。用《論語‧為政》的話説，就是"道之以政，齊之以刑，民免而無恥；道之以德，齊之以禮，有恥且格。"這段話譯成白話就是，對待百姓，如果只是用權力與刑律，百姓可能不犯罪，但沒有廉恥之心；如果用仁義道德來教育，用禮制來約束，那麼他們就既不會犯罪又有廉恥之心。可見，孔子的思想就是一種溫和的改良主義，他折衷新舊，希望在不破壞舊有禮制社會結構的同時，又注入新的以仁為中心的道德內涵，去掉禮中法制化的嚴厲，代之以禮中本來就包含的溫情內容，這個"仁"的思想，就是為了調和當時社會的矛盾，重建當時已經崩潰的秩序。

從禮到仁，並不是從舊到新，而是新舊參半，這種新舊摻和在一起的現象常常也是一種進步。因為它畢竟最容易為人接受，而且它畢竟使社會有了一種新的調節機制，就像給舊車軸加了潤滑油，但弄不好又常常會造成可怕的後遺症。因為守舊者很容易在其中找出墨守成規的理由，於是死的纏住活的，活的絆住死的，舊的妨礙新的，新的扯住舊的，舊車軸似乎可以使用，新車軸就始終無法代替，老牛就會永遠拉破車。所以我們說，孔子對於舊的禮法制度是一個改革者，但對於新的社會秩序又是一個保守派，說起來，他是一個溫和的改良人物。

四、流變與影響

在談論《周易》時我們曾講過一個"郢書燕說"的故事，它說明思想的發展和變化常常是後人對前人的思想不斷解釋的產物，這種解釋可能是歪曲，可能是誤會，可能是借題發揮，也可能是順藤摸瓜式的深化。孔子以後，七十子也就是孔子最著名的那一批弟子，繼續發揮和闡揚着他的思想。其中子張、子羽、子夏、子貢和曾子以及孔子的孫子子思都很有影響，使儒學成了當時的顯學，在各種不同的詮釋中，他們使儒學出現了不同的趨向。從最近的考古發現來看，儒學著作流傳得相當廣，到了戰國中期，甚至楚國也已經深受北方儒學的影響了。比如，郭店楚墓中發現了《成之聞之》《唐虞之道》《性自命出》等等，上海博物館收購的楚簡中也有《四帝二王》《孔子閒居》等儒家著作，就充分證明了這種情況。不過，從目前的材料看，孔子思想的進一步發展，主要還是由孟子、荀子完成的。他們兩個人把孔子思想所包含的兩方面內涵拿來發揮，從而形成了後世兩大儒學思潮。

前面說到，從禮到仁，日漸凸顯了以血緣為紐帶的等級社會裏的親和關係，也就是說，它突出了"仁"。這種很有人情味的仁使等級社會有了人際的黏合劑，找到了建立和諧融洽的鑰匙。問題是，在等級森嚴的家、國中普遍的不平等裏，怎樣才能產生"仁者愛人"的道德理性？別人打了我的左臉，我再把右臉給人打；別人恨我、咒我、罵我、打我、欺負我，我再以笑臉愛心對他，這實在很困難。人都有慾望，都有自尊，為了慾望，人不能不向外競爭、奮鬥，為了自尊，人的內心不能沒有奮而向上的精神，這種發自內心、形之於外的精神常常使"愛"成了空談，出自潛意識的衝動又常常使"仁"成了擺設。怎麼辦呢？孔子主要從血緣上着眼，他把每個人都安置在血緣金字塔結構的大關係網裏，尊親你不能反叛，小輩你不能不愛，七姑八舅、叔伯妯娌各式各樣的親戚你都要關心，父黨、母黨中每一個人都與你有"血濃於水"的親情，就好像那句老話"四海之內皆兄弟也"（《論語‧顏淵》），這種泛血緣的關係就是使你不能不仁、不能不愛的基礎。

可是，血緣究竟能有多大覆蓋面呢？血緣親情又能多牢靠呢？春秋戰國時代，子弒父、弟害兄之類的事情多了，兄弟反目，禍起蕭牆，早已證明血緣紐帶不能維繫社會和睦了。孟子看出了這一點，就另闢蹊徑，從道德理性的自覺角度來闡述孔子的"仁"。

甚麼是"道德理性的自覺"？道德理性怎樣才能自覺？光靠血緣親族那種外在的約束是不行的，要靠人類與生俱來的那種善良本性的發揚光大。所以，孟子的理論基礎是"性善論"。他說，人生下來就是善良的，就具有"惻隱之心""羞惡之心""辭讓之心""是非之心"（《孟子‧公孫丑上》），這四種"心"就是仁、義、禮、智的內在基礎，它們"非由外鑠我也，我固有之也"（《孟子‧告子上》），這是人類的"良知"，人類應該愛護和培養這種良知，使它不至於泯滅。所以對於位在尊上的人，孟子說，要有"不忍人之心"，如果君主、大臣有了"不忍人之心"，就有了"不忍人之政"，這個充滿同情、憐憫、關懷的"不忍人之政"就是仁政（《孟子‧公孫丑上》），而仁政是無敵於天下的。"堯舜之道，不以仁政不能平治天下。"（《孟子‧離婁上》）為甚麼？因為百姓就盼望過安定日子，"以佚道使民，雖勞不怨；以生道殺民，雖死不怨殺者"（《孟子‧盡心上》）。對於位在卑下的人們，孟子說，也要有"不忍人之心"，有了這種善良的心，就會孝順、忠誠，孝順、忠誠的人就是君子式的好人，所以《孟子》第一篇《梁惠王上》的開頭就說：

未有仁而遺其親者也，未有義而後其君者也。

就是說從來沒有具有仁心的人會拋棄他的父母的，也從來沒有具有義心的人會怠慢他的君主的。只要天下人都有仁義之心，天下就安居樂業，太太平平了。

表面上來看，孟子和孔子的思想差別不大，但實際上孟子比孔子更強調了三點：第一是仁愛，即建設社會新秩序的重點不是禮而是仁，人與人之間的和諧是至關重要的。第二是良知，仁愛之心不是來自血緣關係而是來自本性，這種普遍存在於人的內心的本性的善良仁厚不是血緣親情的結果而是它的原因，也是人與禽獸之所以有差異的根本所在。只有保護和發揚這種屬於人類的良知，血緣關係、等級關係的和諧才能有保證。三是內省，也就是人如何啟發內心的自覺，孟子的名言是"反求諸己"(《孟子·公孫丑上》)。甚麼叫"反求諸己"？就是一切的總根源在人的內心，善善惡惡、是是非非，都應當從內心中尋找，為了維護這種善良本性不至於泯滅，人應當時常反省，嚴格要求自己不做錯事，不說錯話，形成良好的道德涵養和人格精神，至於外在的事業功德，只要盡了心，問心無愧就達到了目的。孟子說："心之官則思"(《孟子·告子上》)，這"思"就是反思，這"心"就是良知，道德理性常常反省反思，就能夠使人成為正人君子。孟子的這些見解讓人想起康德關於"頭上的星空與心中的道德律"那句名言，因為這正好與孟子的"天道"與"良知"對應，都是一種道德理性主義。後來宋儒言心談性，也大抵是從孟子這裏吸取了營養，獲得了依據，因此後來孟子也在中國聖賢的排名榜上獲得了僅次於孔子的"亞聖"地位。

比孟子稍晚有荀子，他走的是另一條路。前面說過，禮中包容了法，君君、臣臣、父父、子子的等級制度和儀式規範本身近乎不成文的"軟法規"，它如果沒有獎勵懲罰（刑）伴隨，那只能靠輿論監督，則只是禮，一旦與獎勵懲罰配合，那麼它就成了強制性的法。荀子這個人用現代的術語來說是個激進的社會改革家，可他卻偏偏借用了來自舊秩序的禮來建設新秩序的法。所以他對禮的解釋，多少就有些"郢書燕說"的味道。

和孟子一樣，荀子也有一個人性論的理論出發點，就是"性惡"。他的看法恰和孟子相反，《荀子‧性惡》一開篇就說："人之性惡，其善者偽也。"為甚麼？因為人生下來就有貪慾，所謂"善"，只是人為的結果，人的本性還是好利、好色、好逸，所以有爭鬥、殘殺、淫亂。如果由着人的本性來，那天下一定大亂。所以荀子認為要有禮，禮就是為了使人的行為變得有節制、合規矩，使天下秩序有條不紊，安定牢固。荀子還從社會學角度探討過這個問題，他說人和動物不一樣的地方就在於人能"群"而牛馬不能"群"，換句話說即人有社會性而動物沒有社會性。在《富國》篇裏，荀子說，這是因為人類社會有分工合作的緣故，人"不能兼技，不能兼官"，必須組成社會、依賴社會。順便說一句，晚清的嚴復，翻譯斯賓塞的著作《社會學研究》，就用了荀子的這個概念，把"社會學"譯成"群學"。但是，人怎樣才能更好地"群"呢？按照荀子的思路，要更好地"群"恰恰在於更清晰地"分"。甚麼叫"分"？就是各守本分，等級分明，你也想升官，我也要發財，我不服你，你不服他，天下豈不大亂？所以必須分，有分就不會有爭，《荀子·王制》中說，"人生不能無群，群而無分則爭，爭則亂，亂則離，離則弱，弱則不能勝物"，說的正是這個道理。而分的原則和辦法就是"禮"，《荀子·禮論》裏說，"貴賤有等，長幼有差，貧富輕重皆有稱者也。"他堅決不同意一團和氣的平均主義，認為禮就是為了區分貴賤長幼差別，"分均則不偏，勢齊則不一，眾齊則不使"（《荀子·王制》），只有分清楚了，才能秩序井然。

不過，荀子的"禮"和孔子的又不同。第一，孔子的"禮"建立在血緣的親疏、遠近、貴賤上，是不改變舊有的社會結構，使等級秩序維持下來，這種禮的核心還是原始的氏族血緣紐帶。而荀子的"禮"卻是反對血緣世襲性結構的，他認為應當按人的賢愚，而不是按人的出身來安排等級。他在《君道》篇裏說，上賢為三公，中賢為諸侯，下賢為士大夫，也就是說除了"天授王權"的天子外，其他人都要憑才能和道德去爭取地位。而在《王制》篇中更明確："雖王公士大夫之子孫也，不能屬於禮義則歸之庶人；雖庶人之子孫也，積文學，正身行，能屬於禮義則歸之卿相士大夫。"如果這樣，那麼社會等級結構就突破了血緣紐帶，處於不斷的變更維新之中。第二，孔子的"禮"多偏向於社會規範，約束力很弱，主要靠內在的道德意識和外在的輿論監督來維護它的施行，而荀子的"禮"則帶有很濃重的法的意味，比禮要嚴厲，他常常將禮、法並提，德、刑兼舉，說明荀子的"禮"已經出現了法制化的轉向，後來的韓非子作為荀子的學生，就專講法而成了所謂"法家"了。

孔子從禮到仁的思想發展到孟子、荀子，算是到了一個新的階段，荀子思想在秦漢影響極深並外化為社會制度與政治文化，孟子思想在唐宋又再度光大而成為理學，但這些思想的基本內核仍是從孔子那裏來的，正好比"滔滔千里水，源自濫觴時"，兩千多年中國思想的主流，其源頭之一卻是這部小小的《論語》。

五、孔子·中國·中國人

孔子對中國及中國人的影響巨大，這是人所共知而不成問題的。但是，怎樣評價孔子，卻成了問題。歷來評價孔子差異甚大，舊時尊孔子為"聖人"，當然眾口一詞皆是讚譽之語，但孔子"聖人""素王"的頭銜一旦脫落，這評語可就五花八門了。就連西方人隔簾望影看孔子，也眾說紛紜各持一端。伏爾泰、狄德羅、羅素等人看到了孔子和中國人"溫文爾雅""自制有禮"，便稱讚他好得不得了；黑格爾覺得中國人對道德形式上的遵循，缺乏"自由的內心的情感"做後盾，就對孔子癟癟嘴表示輕蔑。西方民主與科學思潮衝擊下的現代中國人覺得孔子思想束縛了前進的腳步，所以要"打倒孔家店"。可又有些中國人覺得老祖宗和自己"一榮俱榮，一損俱損"，認定了孔子是中國文化的招牌和門面，非捍衛他的榮譽不可，於是又是祭孔演戲，又是花錢出版《孔子文化大全》，又是釀孔府酒，吃孔府菜，又是隆重紀念至聖先師，好像這樣一來就保全了中國人的面子、維護了中國文化。

公正地說，這都沒錯，說好說孬都有理，問題是先得把孔子、孔子思想和它在中國文化中的影響，稍稍分開一些。作為一個學者、思想家，孔子有權在他那個時代提出他的看法、他的觀點，把這些看法、觀點在後世的影響連同後人的闡釋發揮一股腦算在孔子頭上不太公平。而思想只是思想，至於後來成了意識形態，成了制度法規，成了金科玉律，並不是孔子的過錯。然後還得對孔子在中國文化、中國人那裏的影響有個公允的評價標準，也就是說不能憑着實用主義的態度和自我中心的情感來說好孬。這樣一看，原來孔子對中國文化和中國人的影響有好有孬，而這正反兩面卻都在一張皮上，撕了這面就毀了那面，簡單和武斷的是非好惡解決不了問題，我們不妨看一個例子：

一方面，對於中國人的個人心理來說，孔子的禮和仁塑造了服從權威、缺乏個性的普遍性格。四五百年以前來華的傳教士利瑪竇就看到了這一點，在他的《中國札記》中說，儒家最終目的是國家的太平和秩序，因此十分重視子女尊敬和孝順父母、奴僕忠實於主人、年輕人效忠於長輩，因此用"五倫"來構成人與人的"全部關係"。的確，《禮記‧禮運》裏說："何謂人義，父慈子孝、兄良弟弟（悌）、夫義婦聽、長惠幼順、君仁臣忠，十者謂之人義。"其中"親親、尊尊、長長、男女之有別"，又是"人道之大者"，因為禮的一個重要核心就是等級尊卑，仁的一個重要方面就是愛。所以年輕的要順從年老的、卑賤的要服從高貴的，"在家靠父母"，不聽父母的不行，縣官是"父母官"，不聽縣官的行嗎？皇上是父母官的父母官，不聽皇上的當然更不行，正像許烺光《祖蔭下》一書所說：

> 中國的社會結構以家庭為基礎，家庭內的父子關係是主軸，其他各種關係均以此為中心。父子關係不但在家庭內發生作用，而且擴及宗族，及至於國家。中國古代的君臣關係，實是父子關係之投射。由此中國背景孕育，中國人的性格因素首先是服從權威的長上，其次是各守本分。在此家、族、國之結構中，人各有其固定位置及關係，個人無須也不能表現其超越或凌駕於他人之上的才能，故而中國人的性格又偏於保守，不喜變遷及不鼓勵個人主義。再進而言之，由於個人始終處於家、族、國之範圍內存在，故而易於養成所謂"中庸態度"。

這一分析看似苛刻，其實頗中要害。受儒家傳統影響的中國人較多地為家、族、國的利益考慮，寧願犧牲自己的個性與自由，這當然是好的，但有時過分地考慮為人子、為人父、為人夫、為人妻、為人臣的責任和義務，過分地顧忌身份、名位而無條件地維護等級秩序、維護表面團圓，於是不免失去了心靈的自由和變革的勇氣。"父母在，不遠遊"，"三年無改父之道"，"君君、臣臣、父父、子子"，直到後來的"君要臣死，臣不得不死"等等，實際上都是對自由心靈的扭曲和限制。魯迅當年批評國民性時，最痛恨的"中國人的奴性"即出於此。因為在名分、等級、權威、尊上這一大堆理念的抑制下，人常會變得怯懦、畏縮，甚至轉而做出一些虛偽的事情來。據說孔子時代有一個人偷了東西，他兒子告了官，結果這個人受到懲罰，有人以此事問孔子，孔子卻大不以為然，覺得應該"子為父隱"（《論語·子路》），可是，這難道不違背社會公正和人人守法的原則嗎？如果作為人子、人臣、人妻、人弟、人友的"人"都徇了這種禮，那么社會還談得上甚麼公理呢？反過來，背靠這種禮，豈不是父親對兒子、君主對臣民、丈夫對妻子、兄長對弟妹，都有了無條件的權威，而忠與孝、柔順與服從豈不是都成了黑格爾《哲學史講演錄》中所批評的"不是內心的情感，不是主觀的自覺"的愚昧？

但另一方面，儒家傳統中極其強烈的家、族、國觀念，又使得中國人有着極其強烈的群體意識、犧牲精神。中國人對於家庭、家族及國家的責任心是非常重的。和強調逃避責任去追尋心靈自由的老、莊一派不同，孔子比較多地強調"克己復禮"，"克己"就是對自己的非分之想進行克制，"復禮"就要承認與承擔家、族、國的責任。所以，中國人歷來覺得，只有在社會群體中，人才有自我價值的實現，只有在社會承認下，人才有自我存在的意義。因此，中國人對於父母妻兒也就是家庭有極重的義務感，對於人與人之間的關係看得非常重，始終追求人與人之間的和諧融洽，他們不習慣分離、獨處，講究禮節，不為個人情慾迷狂而違反道德理智。進一步，他們積極入世，關心社會，把國家的價值放置在個人與家庭之上，"國家興亡，匹夫有責"，"大河有水小河滿"的觀念使他們把國家盛衰興亡當作個人的事情，因為"國"對於他們來說就是放大的"家"，而"家"就與"人"息息相關。特別是後來孟子以及宋代理學又把這種理性觀念與道德心性聯繫起來，使這種觀念建立在人的心靈自覺上，從"誠意""正心""修身"到"齊家"，到"治國平天下"（《禮記·大學》），這就使得它滲透到了每個中國人的心靈深處，鑄成了中國人清醒的道德理性主義。

孔子的影響是深遠的，這種影響很難用好與不好來做簡單的價值判斷，只能靠現代人的理解與闡釋來實現"創造性轉化"。這種"創造性轉化"不僅僅在學者的書齋研究、注釋、解說之中，而且在每個中國人日常的思考、行為之中，因為孔子思想早已影響了我們每一個人，只是我們常常淡忘了它的來源而已。

【文獻選讀】

1.《論語·為政》

子曰："道之以政，齊之以刑，民免而無恥；道之以德，齊之以禮，有恥且格。"

2.《論語·鄉黨》

孔子於鄉黨，恂恂如也，似不能言者。其在宗廟、朝廷，便便言，唯謹爾。朝，與下大夫言，侃侃如也；與上大夫言，誾誾如也。君在，踧踖如也,與與如也。君召使擯,色勃如也,足躩如也。揖所與立,左右手。衣前後,襜如也。趨進,翼如也。賓退,必復命曰:"賓不顧矣。"入公門,鞠躬如也,如不容。立不中門,行不履閾。過位,色勃如也,足躩如也,其言似不足者。攝齊升堂,鞠躬如也,屏氣似不息者。出,降一等,逞顏色,怡怡如也。沒階趨進,翼如也。復其位,踧踖如也。執圭,鞠躬如也,如不勝。上如揖,下如授。勃如戰色,足蹜蹜,如有循。享禮,有容色。私覿,愉愉如也。

3.《論語・先進》

子路、曾皙、冉有、公西華侍坐。子曰:"以吾一日長乎爾,毋吾以也!居則曰:'不吾知也!'如或知爾,則何以哉?"子路率爾而對曰:"千乘之國,攝乎大國之間,加之以師旅,因之以饑饉,由也為之,比及三年,可使有勇,且知方也。"夫子哂之。"求,爾何如?"對曰:"方六七十,如五六十,求也為之,比及三年,可使足民;如其禮樂,以俟君子。""赤,爾何如?"對曰:"非曰能之,願學焉!宗廟之事,如會同,端章甫,願為小相焉。""點,爾何如?"鼓瑟希,鏗爾,捨瑟而作。對曰:"異乎三子者之撰!"子曰:"何傷乎?亦各言其志也。"曰:"莫春者,春服既成;冠者五六人,童子六七人,浴乎沂,風乎舞雩,詠而歸。"夫子喟然歎曰:"吾與點也。"

4.《論語・顏淵》

顏淵問仁。子曰:"克己復禮為仁。一日克己復禮,天下歸仁焉。為仁由己,而由人乎哉?"顏淵曰:"請問其目。"子曰:"非禮勿視,非禮勿聽,非禮勿言,非禮勿動。"顏淵曰:"回雖不敏,請事斯語矣!"

【參考書目】

1. 《論語注疏》，【魏】何晏注，【宋】邢昺疏，《十三經注疏》本，中華書局，1980。

2. 《說儒》，胡適撰，收入《胡適文集》第五冊，北京大學出版社，1998。

3. 《論語集注》，【宋】朱熹撰，《四書章句集注》本，中華書局，1983。

4. 《論語正義》，【清】劉寶楠撰，中華書局，1990。

5. 《論語集釋》，程樹德撰，中華書局，1990。

6. 《論語譯注》，楊伯峻撰，中華書局，1962。

7. 《喪家狗：我讀〈論語〉》，李零撰，山西人民出版社，2007。

《老子》：「道」的哲思

一個"道"包孕一切，一個"無"便彌漫成無限。老子說，在上者越多嗜慾，天下就會充滿紛爭，人若回到嬰兒初生狀態，頓時便可以體會到生命永恆。

中國被稱為歷史最清楚、史書最系統的國家，可是有時也有例外，歷史上的一些人和事，常常眾說紛紜、莫衷一是，至今仍弄不明白，比如老子其人的身世乃至姓名就是一筆糊塗賬。

首先，老子是個甚麼人？後世道教將他神化的種種說法當然不足道，但史書記載也不明確。《史記》是中國最了不起的史書，記載了很多確鑿可信的史實，但它對老子也記得很含混，《史記‧老子韓非列傳》說：

> 老子者，楚苦縣厲鄉曲仁里人也，姓李氏，名耳，字聃，周守藏室之史也。

好像已經明白了，但司馬遷似乎又有些猶疑不定，便在傳的後面又加上了一句：

> 或曰：老萊子亦楚人也，著書十五篇，言道家之用，與孔子同時云。

在後面還有一段講周太史儋的記載又說：

或曰儋即老子，或曰非也，世莫知其然否。

這樣，老子就有可能是三個人，一是李耳，二是老萊子，三是太史儋，這就使後人無所適從了。

其次，老子是甚麼人又涉及另一個問題，即老子是甚麼時候的人？《史記》《禮記》《莊子》《孔子家語》《呂氏春秋》等書中都提到孔子曾向老子請教過禮的問題，那麼老子比孔子年齡大，應是春秋時人，胡適《中國哲學史大綱》卷上即採取這一說，並認為“老子當生於周靈王初年，當西歷(公元)前 570 年左右。”可是在《莊子》《呂氏春秋》《史記》《列子》等書中又記載有老子和關尹、楊朱的對話，關尹、楊朱是戰國時人，在《老子》這本書裏又有“偏將軍”“上將軍”“萬乘”這類據說春秋時無而戰國時有的詞彙，那麼老子則應當是戰國時人，大約生活在公元前 4 世紀前後。這兩種說法究竟哪一種可信？至今也沒有定論。

二十世紀二三十年代梁啟超、胡適、錢穆、馮友蘭等人就為了“老在孔前”還是“孔在老前”發生過爭辯，但也沒辯出個子丑寅卯來。反正要按第一種說法，老子就是李耳，是周守藏室之史，也就是當時的國家圖書館館長；要按第二種說法，那老子就是另一個人，也許是太史儋。再次，老子究竟叫甚麼名字？這也是個問題。《史記》說的“李耳”，有人認為不可信，上古沒有李姓只有老姓，很可能他姓老，人們就叫他“老子”，“子”是古代的尊稱，類似於今天的"先生"。像孔子、墨子、孟子、莊子等一樣，古代"老"與"李"聲同韻近，很可能有人就以此近音字拿來給他安了一個姓，就像"荀卿"後來也稱作"孫卿"一樣；但也有人認為"老"是名，就像冉求名有，後人尊稱他為"有子"一樣。

總而言之，老子的生平、時代、姓名都是一筆理不清的糊塗賬，雖然兩千年來一直都不斷有人考證，考古發現也不斷地提供一些新線索，但是根本的問題仍然沒有解決，至今沒有定論。當然，1993年冬天，在湖北荊門市郭店楚墓發現了戰國時期的竹簡寫本《老子》，把《老子》的絕對年代向前推進了一步，但是由於郭店楚墓的年代還沒有最終的精確定論，有人說是公元前300年即戰國中期略晚，大約與孟子、莊子同時，但也有人說沒有那麼早，應當是戰國後期，所以老子的年代還是一個懸案。我們只能說，老子是先秦時代的一個智者哲人，他是南方人，他的思想代表的是古代中國南方也就是楚文化精神。

一、《老子》其書

《老子》是老子的著作，又叫《道德經》。不過《道德經》是後人給它擬的名稱，因為漢代人認為老子寫的這本書主題是論"道、德之意"，而且漢代人把它視為經典，所以有了這個尊稱。

《老子》一共五千多字，因而後來又有人叫它"五千文"或"五千言"，全書分為八十一章，這八十一章通常分為上下兩篇，上篇三十七章，下篇四十四章。上篇的中心是論述“道”，比如一開篇第一章就是“道可道，非常道；名可名，非常名”，主要是在探討宇宙與人生的哲理，用個不太確切的現代詞彙來說就是“哲學”；下篇的中心是論“德”，第三十八章即下篇第一章開篇就是“上德不德，是以有德；下德不失德，是以無德”，主要是在討論社會與政治問題，用個不太確切的現代詞來說就是“社會政治學”。按現代學術界習慣，宇宙哲學就是宇宙哲學，人生哲學就是人生哲學，政治學就是政治學，分野畛域很清楚。可是在古代人心目中這些分別卻不太大，宇宙（或者是天）、自然（地）、社會（人）之間都是有微妙、緊密的對應和感應關係的。老子所謂“人法地，地法天，天法道，道法自然”（第二十五章），後人所謂“天人感應”，現代人所謂的“大宇宙”（macro cosmos）和“小宇宙”（micro cosmos）彼此相關，就是這個意思。《老子》的思想表述從表面形式上來看是分成“道”與“德”兩部分，但思想理路實際上是一以貫之，從宇宙說到人生，從人生說到政治與社會的。

從漢代以來兩千多年裏，《老子》中“道”這部分都是在“德”那部分之前，所以老子才被稱為道家開山祖師，《老子》這部書才被看作道論經典。可是，20世紀70年代在長沙馬王堆漢墓中發現了漢代初年帛書本《老子》，這個帛書本卻是“道”在後、“德”在前的，於是提出了一個疑問，兩千年來對《老子》“道”先“德”後的理解是不是有錯？這個問題至今沒有定論。不過大多數專家仍然承認老子思想最精彩、影響最廣泛的還是有關“道”的論述，它不僅影響了政治哲學，更重要的是影響了中國人對宇宙和人生的總體理解，即使《老子》本來是"德"先"道"後，我們仍然重點放在"道"的思想和有關"道"的幾個概念的解釋上，因為它是《老子》這部書的理解鑰匙。

用老子的話說，它"玄之又玄"，卻是"眾妙之門"（第一章）。

二、何謂"道"

"道"究竟是甚麼？通行的哲學史、思想史都說"道"是規律，是本體，這當然沒有問題。不過，規律也罷，本體也罷，都是現代概念。古人的思想、概念和現代人不太一樣，用現代概念套古代思想，常常圓鑿方枘，會出一些偏差，不是多了一點甚麼，就是少了一點甚麼，古人的思想未必那麼精密，古人的語詞內涵也未必那麼清楚。為了說清這個近乎不可說的"道"字，我們不妨對"道"字先做一個解剖分析，因為漢字常常在它的形、音、義中透露一些古老來源的消息。

"道"，從首、從辵，"首"的本義是頭，就像我們今天說"頭一個""開頭"一樣，"首"字有開始、初始之義，這點十分明白，因為現在還有"首先"一詞；"辵"是行走、道路之義，《說文》二下即說"道，所行道也"，又說"一達謂之道"，散氏盤就有"（封）於原道"的銘文。後來，"道"還用來表示說話，像人們常說的"某人說道……"，"大聲喝道……"，"心中想道……"等等，稍稍比附地說吧，以上開始、道路、說話大概就對應了"道"字的基本涵蘊。十分有意思的是，這三層意蘊正好是"道"作為思想語詞的三重涵義。

在老子的心目中，"道"首先是宇宙萬象的本原，它"先天地生"（第二十五章），雖然無形無名，卻是一切有形有名的事物的起源和基礎。一切都是從"道"那裏衍生出來的，所以叫"道生一，一生二，二生三，三生萬物"（第四十二章）。它是時間的起點，一切有形有名的事物都是在一定時間內存在的，只有"道"在時間之外，是時間的開始。而且"道"無形無名，"視之不見"，"聽之不聞"，"搏之不得"，是"無狀之狀，無物之象"，叫做"惚恍"，是個"無"（第十四章）。"無"與一切實在的"有"不同，它不可確定，可以是這，也可以是那，於是擁有無限的包容性和可能性；而"有"則不同，一旦有形有名，我們叫它是這，就不能叫它是那，白菜就是白菜，蘿蔔就是蘿蔔，宇宙萬有皆如此。而"道"卻是"無"，這個"無"就是"無限""無雙""無比"，"無"是不可說的，所以是"道可道，非常道；名可名，非常名"，一旦有形有名可說可比，它就不再是"道"，不再是"無"，而"道"和"無"是在時空之外無形無名的萬象的本原。

"道"在《老子》中還表示道路，在老子心目中，"道"不僅僅是佇立在時間的起點站上目送萬事萬物離去的本原，而且還是萬事萬物的"押車員"，它隨同萬事萬物的變化軌跡一道前行，用一隻看不見的手操縱一切，就像給火車安的那兩根鐵軌，萬事萬物不能不順着這條"道"走，否則就是"逆天悖道""大逆不道""背道而馳"，一定會翻車出軌。這個"道"在老子心目中不是筆直前進永不回頭的道路，而是兜一大圈子又回到本原，這叫"反者道之動"（第四十章），這個"反"不是正反的"反"而是返回的"返"，這個"動"不是反動的"動"而是運動的"動"，"反者道之動"的意思和"返本復初"的意思相似，指一切事物最終都要回歸到它的本原。這個意思古人都很容易理解，現代人卻不大容易明白。打個比方，如人生下來有了形有了名，最終會死變成無形無名，草木生長有了枝有了葉，最終死亡腐爛也無枝也無葉，白天太陽東升，黃昏太陽西墜，晝夜往復，這都是"返本復初"。一切都是從"無"生"有"，又由"有"歸"無"，這就是"反者道之動"。

宇宙間這種變化，被老子視為"無—有—無"的過程，這種思想在中國古代甚至現代都影響極大。《易傳》認為，"無往不復""終則有始"，彷彿日中則昃，月盈又虧一樣，這是一個自然過程；《鶡冠子·環流》就說："物極則反，命曰環流"；《戰國策·秦策三》說："物盛則衰，天之常數也；進退、盈縮、變化，聖人之常道也"；一直到宋代，朱熹也說："陽已復生，物極必返，其理須如此"。道家、儒家都有此說，古人、今人均有此理，大概都是老子思想的呼應。老子覺得，人類處在這種變動不居的流程中，若不能認識到這一點是很可悲的。所以，第二十八章裏他給人們提出了一個忠告，要知曉雄強能勝，卻安於雌柔，深知明亮為好，卻安於暗昧；第三十六章裏又說"柔弱勝剛強"。為甚麼呢？因為只有柔、弱、靜、暗，才不至於有過多的損耗，才不至於迅疾地到達極點。老子認為，既然"無—有—無"是一種必然之"道"，那麼，人們是否可以乾脆不進入"有"，或者在"有"之中也保持初始狀態呢？即使在"有"之中不能保持初始狀態，也要示弱示柔，不加速而減速，甚至剎車靜止，這樣就不會"物極而反"。正如小樹不會遭到砍伐，初升旭日蓬勃向上，上弦月不會有下弦月的悲哀，小孩子不會有耄耋老翁的煩惱。所以，老子在"反者道之動"的下面緊接着說了一句"弱者道之用"，並一再說要"復歸於嬰兒"（第二十八章），"如嬰兒之未孩"（第二十章）。當然，最好是連嬰兒狀態也不進入，乾脆處於"無"，即所謂"復歸於無極"（第二十八章），就會永遠沒有變化進退、盈縮往返的干擾，而成為永恆。在老子看來，這種"無"的狀態是暗昧、寂靜、樸素、混沌、虛空、柔弱的狀態，它在人的生活中表現為清靜澹泊，在社會的政治中表現為無為無事，在宇宙的變化中表現為靜篤止默。因而他一而再再而三地要"守靜篤""致虛極"，只有這樣才能回歸到"道"的原初狀態"無"那裏去，保持溪谷深邃可容納一切的狀態，這叫"知其雄，守其雌，為天下谿"，"知其榮，守其辱，為天下谷。"（第二十八章）《老子》第十六章說：

> 致虛極，守靜篤，萬物並作，吾以觀其復。夫物芸芸，各復歸其根，歸根曰靜，是曰復命。

最後，"道"也是"說話"，在老子心目中還有萬象萬物之命名者的意味，"道"是一切的根源，是無形無名的，但從它那裏衍生的宇宙萬物卻都是由它那裏得名的，有了形，有了名，才有了事物，才從"無"變為"有"。《老子》第一章裏說："無名，天地之始；

有名，萬物之母。”就是説“道”在“無名”狀態時（在第四十一章中叫“道隱無名”）是天地的本原，在“有名”（語詞、概念即是“名”）狀態時，是萬事萬物的孕育者。怎樣孕育萬事萬物？就是賦予形、賦予名，彷彿神話傳説裏那個造人的女媧用水和泥賦予人形一樣，“天下萬物生於有，有生於無”（第四十章），“無”就是“道”。“道”彷彿《聖經》裏所説的上帝，上帝説要有光，於是有了光（《舊約・創世記》）。“道”自己是“無”，但它卻賦予一切“有”以名，就好像一個母親為孩子起名，以便將來召喚、區別、登錄，而孩子也就因為有了名，從此才在人世間占了一個位置。所以説，“道”是命名者，是冥冥中為一切事物起名，並使它們彰顯出來的命名者。

這個“玄而又玄”的“道”在老子看來太偉大了，他説“道”是虛空的，但作用卻無窮無盡，道太深邃了，它是萬物的宗主（第四章“道沖而用之或不盈，淵兮似萬物之宗”）。但是這個“道”究竟是甚麼？卻甚麼也不是。《老子》第十四章裏説它“視之不見名曰夷，聽之不聞名曰希，搏之不得名曰微。”它只是一個“無”，但是這“無”中就包孕了無限，所以它並不是一無所有的絕對“無”，而是“惚兮恍兮，其中有象；恍兮惚兮，其中有物；窈兮冥兮，其中有精；其精甚真，其中有信”（第二十一章），譯成白話就是：“道”恍恍惚惚，其中卻有形相；朦朦朧朧，其中卻有萬物；深遠暗昧，其中卻有精華；這精華是真實的，其真實可以信驗。總之就是説，“道”是宇宙之初的渾沌，是宇宙之中唯一的真實存在，是宇宙萬物的統一本原。

三、"道"之用（一）：人生

老子說了那麼多關於"道"的話，雖然都很玄妙，卻不是詩人內心獨白或病人夢中囈語。其實，他的全部理論從形而上到形而下、從宇宙到社會，最終落腳處都是現實問題。這現實問題一是人生，二是社會，前者是指個人如何生存，後者是指人與人如何處理各種關係以使這個社會合理存在。自從人類進入文明以來，人們一直意識到這兩個問題的存在，人會生老病死、會煩惱困惑，社會會動盪不安、會爭鬥殘殺，那麼，人類應當怎樣應付這來自自身（自然）與外界（社會）的兩大難題呢？

"道"的哲思給人們暗示了一種人生哲學，即人活着應當保持恬淡平和狀態，這種恬淡平和狀態，不僅指心理上的虛靜、生理上的安詳，甚至還包括生活方式的樸素寧和。後世有關養生的各種理論都曾借用過《老子》，尤其是道教養生術更是以中醫養生理論為裏子，以老子哲思為外衣。雖然他們未免過分誇張和神化老子思想裏的養生因素，也未免有些歪曲了老子哲學中的形而上內核，但有一點他們是對的，即老子確實考慮過生存問題。人的生老病死在今天看來是自然規律，但在老子看來，人之所以不能永恆是因為各種貪慾、嗜好在消耗自身的精氣，人不得安寧，便背離了"道"的恬淡平和、虛靜無為狀態。心理上浮躁焦慮，生理上精氣虛耗，生活上放蕩縱逸，因而"飄風不終朝，驟雨不終日"（第二十三章），維持不了多久，就像油燈點得太亮，不久即會油乾燈盡一樣，所以《老子》第九章說人生在世：

持而盈之，不如其已；揣而銳之，不可長保；金玉滿堂，莫之能守；富貴而驕，自遺其咎；功遂身退，天之道也。

大意就是，執着於滿足，不如適可而止；鋒芒畢露，難以保持長久；金玉滿堂，終歸無法守藏；富貴而驕，自己招致禍災；功成身退，這才是合乎自然之理。

同樣，心理上也要守靜安神，"五色令人目盲，五音令人耳聾，五味令人口爽，馳騁畋獵令人心發狂，難得之貨令人行妨"（第十二章），人應當採取知雄守雌、知白守黑、示柔示弱的態度，才能避免傷害與損耗。所以說，"躁勝寒，靜勝熱，清靜為天下正"（第四十五章），心理清靜的人使精氣始終保持或極少損失，這樣在生理上他也能保持嬰兒的狀態而擁有長久的生命力。《老子》第十章裏曾追問：

載營魄抱一，能無離乎？專氣致柔，能如嬰兒乎？

大意為，魂魄能不能守住"道"而不離？精氣凝聚身軀柔軟，能不能一直保持嬰兒狀態？

因為"道"（或是"無""一"）是人的本原，"氣"（或是"精""神"）是人的生命，守住"道"保住"氣"，就是守住了生命之源。所以說"不失其所者久"（第三十三章），這"所"便是人的生命本原"道"與"氣"。老子這些思想便是道教養生理論的基石之一，同時它也影響了中國文人士大夫的人生情趣和審美情趣，使他們一直在追求一種恬淡平和的心理境界、清淨澄澈的生理境界和虛明純淨的人生境界，這種境界便是人之"道"。

日本大阪市立美術館藏北魏延昌四年（515）老子像

四、"道"之用(二):社會

"道"的哲理還延伸到了社會與政治領域。老子認為,社會越發展,剩餘物品越多,人的貪慾越強,爭鬥就越激烈,人心就越殘忍。於是,人與人之間你爭我奪、爾虞我詐,國與國之間就戰爭頻仍、互相攻伐,特別是專制就會越發厲害,法令就會越發嚴酷,而專制和法令都是為了保護在上位的人的貪慾,他們為了一己私利,便"有為"起來,一旦"有為",就把天下弄得紛擾不安。第七十五章中説:

> 民之飢,以其上食税之多,是以飢;民之難治,以其上之有為,是以難治。

"有為"的統治者為了治住"難治"的人民,就只好立下種種禁令和法律,可是結果是適得其反,"天下多忌諱而民彌貧……法令滋彰,盜賊多有"(第五十七章)。

那麼,社會該怎麼建立安定與秩序?生當一個天崩地裂、上下失序的亂世,眼看到"你方唱罷我登場"的局面,儘管哲思深邃,洞察幽微,老子也沒有別的辦法,只好仍以不變應萬變,拿出"道"來應付。這是一個從"道"推衍開來的思路,既然一切都依從"道",既然"道"無形無言、靜默虛空,社會也應當樸素安靜、自然無為。《老子》第三十七章説:

> 道常無為而無不為。侯王若能守之,萬物將自化。化

而慾作，吾將鎮之以無名之樸。（鎮之以）無名之樸，夫
亦將不慾。不慾以靜，天下將自正。

　　意思就是説"道"是順乎自然的，不去有意做任何事，但任
何事都是它所做。侯王如能恪守這一點，萬事萬物將自然成長化
育，一旦生長而有了慾念，我就用"道"的純樸來制住它。用"道"
的純樸制住了它，各種貪慾就會消解。貪慾消解便歸於寧靜，寧
靜的社會就自然而然地走上了正軌。這就是後世所説的"無為而
治"，這是老子政治思想的要訣，社會雖然百病叢生，但他為社會
開出來的，只是"無為"這一帖藥方。

　　所謂"無為"有兩層涵義。一是少管乃至於不管，讓老百姓自
我發展、自我生存，順其自然天性生活。若用法令禁忌強制性地
管束百姓，要麼就把老百姓管成了木乃伊式的活死人，使他們喪
失了自由天性，要麼就把老百姓逼急了之後引起大亂。所以説"民
不畏威則大威至"（第七十二章），"民不畏死，奈何以死懼之"（第
七十四章）。前一句是説老百姓若是不怕上面的威壓，那大亂就
會來臨；後一句是説，老百姓連死都不怕，用死來威脅他們又有
甚麼用？如果當權者少管，採取"無為"政策，反而會使社會變得
好起來。《老子》第五十七章裏就説，我"無為"，人民就會自然
地生活；我"好靜"，人民就會自然地走上正軌；我"無事"，人民
自然就富庶；我"無慾"，人民自然就純樸。這"無為""好靜""無
事""無慾"便是老子的政治之"道"。二是返本復初。大家都熟悉
的一句老子名言是"雞犬之聲相聞，民至老死不相往來"，出自《老

子》第八十章。這一章裏說，理想的社會是"小國寡民"，有各種各樣的機巧之器卻不去用它，人民重視死亡而不向四處漂移，雖有車有船卻沒有人去乘坐，雖有甲冑兵器卻沒有人去擺弄，人民重新回歸到結繩記事的時代。有美食美服，有安居之所，有純厚民風，鄰國雖然很近，可以聽見雞犬的聲音，但彼此卻不相往來。這樣純樸安寧的社會，才能使百姓獲得自由與快樂。

很多書尤其是現代哲學史、思想史著作都說，老子提倡"小國寡民"是復古和倒退。其實，這只不過是老子將他的"道"從哲理一以貫之到人生，從人生又推廣到政治的必然結論。"道"是宇宙本原狀態，只有處在原初狀態才不會有形有名、有生有死；嬰兒是人的本原狀態，只有保持嬰兒一樣的精氣完足狀態才能保持永久生命力；"小國寡民"是社會的本原狀態，只有小國寡民才不會有戰爭、殘殺與陰謀。這是三位一體的思想，無論宇宙、人還是社會，都應該自然、無為、虛靜、安寧。

說老子是復古倒退，恐怕是十足的誤會。

五、附說莊子：逍遙的遊蕩者如何在"無"中超越？

莊子大約是公元前 4 世紀後半葉到前 3 世紀前半葉的學者，也是老子"道"的思想在戰國時代的闡發者。和老子一樣，他也肯定"道"在宇宙、人生與社會的終極意義，並強調"道"的超越性與真實性。《莊子·大宗師》裏說：

夫道，有情有信，無為無形，可傳而不可受，可得而不可見，自本自根，未有天地，自古以固存。

　　就是說道是真實的、有信驗的，但又沒有行為的痕跡與形狀的累贅，可以用心靈體驗卻不能以語言文字傳授，可以用心靈感悟而不能用感官把握，它自為本原與基礎，在還沒有天地的時候就已經存在了。

　　和老子比起來，莊子似乎更注重"道"在精神方面的意義，換句話說，老子的"道"雖然玄虛抽象，但有時着眼點很實在，有一些具體的落腳處，像人類的生命、社會的秩序等，但莊子好像更關心玄虛抽象的精神自由、心靈超越等問題。《莊子》內篇第一篇《逍遙遊》裏說，大鵬的翅膀像天邊垂下的雲那麼大，每當海風起時，它"水擊三千里，搏扶搖而上者九萬里"，飛往南海，可是蟬和小鳩鳥卻嘲笑它，說我們飛來飛去，到樹上就歇下來，飛不上去就落在地上，很快活、很愜意，大鵬這麼飛，又是何苦呢？莊子覺得蟬和小鳩鳥很可悲，說它們根本不理解大鵬自由翱翔於天涯海角的意義。可是莊子進一步追問，是不是大鵬"絕雲氣，負青天"就一定是真的達到了自由境界呢？他認為還不是的，因為大鵬翱翔依然要憑藉"扶搖羊角"之風，就像列御寇"御風而行"一樣，還是要憑藉外在條件，所以仍然是"有待"，不是絕對自由境界，而真正的自由境界是無須外在條件的絕對自由。他說，如果能駕馭宇宙之"道"，洞悉六氣之變而逍遙於無限境界，那麼根本不需要任何憑藉。於是莊子說，人生若要達到真正自由，就要"無己""無功""無名"。因為人一旦有了"為己"之心，就有種種顧慮、牽累，有了"功德"，就會被"功德"所束縛，有了"名聲"，就會被"名聲"所拘泥，在宇宙間磕磕絆絆，回頭轉腦，成了"己""功""名"所操縱的牽線木偶。人若能拋開這些東西，進入一無所有、廣闊無垠的"無"，才能獲得真正的輕鬆，這種"無"就是"道"，而"道"正是"無"。

那麼，人怎樣才能達到"無"的境界呢？莊子的回答是：拋開知識和慾望的桎梏。

在《應帝王》篇裏有一個著名的故事。中央的帝王叫渾沌，本來好好地存在着，可是南海之帝儵和北海之帝忽為了報他的恩，便在他渾沌一片的面孔上鑿了七竅，七竅鑿成，渾沌反而死了。這就是著名的"渾沌鑿七竅"典故的來源。莊子在這個故事中實際是在講這樣一種思想：人若處在無智無識、渾然不覺的狀態裏，反而能"全其天"，是永恆而自由的。一旦人的理智被開發，便被理智所束縛；一旦人的慾望被開發，便被慾望所驅使。這彷彿"人生糊塗識字始"那句老話所說的，人一旦有了智識，人就要追問這、追問那；又彷彿"貪心不足蛇吞象"那句俗語所說的，人有了慾望，就要承擔種種義務、種種責任，於是引來無數煩惱與痛苦，最終失去自由自在的生命。

為甚麼有了智識反而不好？《徐無鬼》篇裏說，舜有智識，也很善良，結果有很多人去投奔他，在鄧這個地方聚集了十萬多家，堯知道後，就讓他出來當政，結果搞得舜年邁力衰還不得休息，這便是"勞形自役"，用現在流行的話來說是"自討苦吃"。因而"真人"連螞蟻那點心智都要拋開，這樣才能像魚在水中一樣自得其樂。《山木》篇裏又説，有一棵大樹，雖然枝葉繁茂，但是長得彎曲不能成材，"無所可用"，伐木者連看都不看它一眼，結果成材的樹被砍伐了，它卻因彎曲不能成材而得"終其天年"。這兩個故事都是説智識有時反而是累贅，它使人心勞形疲，所以《人間世》篇裏説，山木成材自遭砍伐，膏油可燃自招煎熬，桂樹可食而遭摧殘，漆樹有用則被剝割。

為甚麼有了慾望反而不好？貪慾人人皆有，沒有慾望人就無所努力、無所奮進，可是莊子認為，正是心中難以抑制的貪慾引起了人的機心，人有機心則不能保持自然渾樸的心態。在《天地》篇裏莊子説，孔子的弟子子貢見一人種田，鑿井取水，便問道：有機械在，可一天灌溉百畦，"用力甚寡而見功多"，你為甚麼不用？那人答道：有機械則有機事，有機事則有機心，一有機心，心思就不純，心思不純，神性就不定，神性不安定就不能達到"道"的境界。這一席話把子貢説得十分慚愧。同樣，有了慾望，心裏便躁動不安，躁動不安就有可能去爭去搶，去鈎心鬥角，去爾虞我詐，可能就為此而喪失單純、自在的心靈乃至喪失生命。

那麼怎麼才是真正的"道"的境界？莊子拈出兩個字："無心"。對政治也罷，對功名利祿也罷，對生死也罷，對親情鄉誼也罷，都應該採取"無心"的自然態度。他在《駢拇》裏説，小人為利而死，士大夫為名而亡，連聖人為天下而犧牲，都是十分可悲的。因而在《讓王》裏歎息道："今世俗之君子，多危身棄生以殉物，豈不悲哉？"所謂"物"是指有形的世界，他覺得"心"的精神世界才是可貴的，而“物”的有形世界只是“心”的累贅，其實並無真實的意義，人生的目的是要尋求精神的自由與永恆，因而不能依戀外在的名利、權力，也不能放縱自己的貪慾、情感，這便是“無己”“無功”“無名”的“無待”，一切順其自然，這就是“安時而順處”。例如生死，這是人最不能忘情的大事，可莊子卻覺得，生與死彷彿醒與夢，孰真孰假實在很難說，並不需要悲歡哀樂得那麼厲害，著名的“莊周夢蝶”和“莊周妻死鼓盆而歌”兩個故事就是講的這種達觀與“無心”。又例如功名，這是文人最縈繞於心的大事，可莊子卻認為它只能導致人心淆亂、人生悲哀，為功名獻身是以人殉死。《秋水》篇中記載，楚王派兩個大夫來找莊子，請他當官，可莊子說，聽說楚有神龜，死了三千年，被供在廟堂祭祀，受到尊崇，是嗎？二人說是。莊子又說，你若是龜，願意做死龜被尊崇呢，還是願意做在泥裏爬的活龜呢？二人答願意做活龜。於是莊子說：“那你們走吧，我也願意做在泥裏拖着尾巴爬的活龜。”

在《至樂》篇裏，莊子又寫了一則寓言來說明這個道理。說他遇見一具髑髏，他問，你怎麼這麼可憐？你為甚麼會到這個地步？夜裏髑髏通過夢對他說：我雖然死了，但上無君管，下不管臣，沒有四時辛勞，自由自在，即使是天子也沒有我快活。莊子不信，就試探說，我可以讓你復活，你願意不願意？髑髏皺眉回答：“我怎能放棄這般快樂而又回到人間去遭罪呢？”也許很多人都會覺得莊子只不過是憤世嫉俗，批判人間的黑暗，其實不全是。莊子注重的是人在種種繩索捆綁、種種慾望衝擊的人生旅途上如何保持個人的精神自由，即使是在並不黑暗的光明盛世，人也還有一個心靈超越的問題。他只是認為，人應當對政治、利祿、生死、親情採取"無心"的自然態度，如果這樣，人就超脫於得失禍福之上，精神就能夠自由了。

進一步，莊子還認為"無心"——也就是所謂"心齋""坐忘"境界——是體驗宇宙人生之"道"的唯一途徑。莊子覺得，知識有很多，技藝也很多，但這些都只能解決具體的、有形的、實用的問題。用藝術家的詞彙來說就是只能達到工匠水平，而達不到自由境界，而終極意味的"道"不是知識技藝可以探究的，只能靠一種自然而然的、心靈虛靜的"無心"境界才能體驗和領悟。它是心靈與宇宙的溝通，人要悟"道"，必須首先虛靜空明（心齋），忘懷一切（坐忘），達到"無心"，才能達到"道"。莊子講過很多故事、用過很多寓言來說明"無心"是"道"的道理，像人們熟知的"佝僂者承蜩""庖丁解牛""郢匠運斤"等等。

從老子之"道"到莊子之"道"，從老子的"絕聖棄知"到莊子的"無心"，可以看到道家思想的內在理路是越發趨向於個人的精神自由與真實存在。莊子的人生境界指的是一種超越與瀟灑的生活境界，莊子的哲理玄想探究的是一種宇宙與人類共有的終極意義，這種思想對後世中國人尤其是中國文人產生了不可估量的影響。

《莊子》現存三十三篇，共分內篇七篇、外篇十五篇、雜篇十一篇，通常都認為內篇是莊子親作，其他為莊子後學所作，內篇七篇的篇目是《逍遙遊》《齊物論》《養生主》《人間世》《德充符》《大宗師》《應帝王》。

【文獻選讀】

1.《老子》第一章

　　道可道，非常道。名可名，非常名。無名天地之始。有名萬物之母。故常無欲以觀其妙。常有欲以觀其徼。此兩者同出而異名，同謂之玄。玄之又玄，眾妙之門。

2.《老子》第三章

　　不尚賢，使民不爭。不貴難得之貨，使民不為盜。不見可欲，使民心不亂。是以聖人之治，虛其心，實其腹，弱其志，強其骨；常使民無知、無欲，使夫智者不敢為也。為無為，則無不治。

3.《老子》第二十五章

　　有物混成，先天地生。寂兮寥兮，獨立而不改，周行而不殆，可以為天下母。吾不知其名，強字之曰道。強為之名曰大。大曰逝，逝曰遠，遠曰反。故道大、天大、地大、人亦大。域中有大，而人居其一焉。人法地，地法天，天法道，道法自然。

4.《老子》第三十八章

　　上德不德，是以有德。下德不失德，是以無德。上德無為而無以為，下德無為而有以為。上仁為之而無以為，上義為之而有以為。上禮為之而莫之以應，則攘臂而扔之。故失道而後德，失德而後仁，失仁而後義，失義而後禮。夫禮者，忠信之薄而亂之首。前識者，道之華而愚之始。是以大丈夫，處其厚，不居其薄。處其實，不居其華。故去彼取此。

5.《老子》第四十章

反者道之動，弱者道之用。天下萬物生於有，有生於無。

【參考書目】

1. 《老子注》，【魏】王弼撰，《諸子集成》本，中華書局，1954。
2. 《帛書老子校注》，高明撰，中華書局，1996。
3. 《老子校釋》，朱謙之撰，中華書局，1963。
4. 《老子注釋及評介》，陳鼓應撰，中華書局，1984。

三 《禮》：規範、秩序與理性的生活

不僅是在祭祀中獻上玉帛，不僅是在儀式上撞鐘伐鼓，踩着節拍人們才能齊舞，遵循儀節人們就能合群，古人常說"禮"是"履也"，"樂"是"和也"，那麼，是否古代的"禮"鑄就了中國的秩序與文明？

前面評介《論語》時，我們談到過禮。在現代人的印象中，禮不過就是禮貌，見人要有禮節，作揖拱手，互讓座位，敬禮握手，客來斟茶等等。其實在古代人的生活裏，禮實在複雜得多，廣泛得多，小到吃飯喝酒，大到國際外交，沒有一處不涉及禮，而且這個禮不僅僅是禮貌 —— 禮的外在面貌 —— 而且還是制度，還是一種道德倫理、人際關係的思想，甚至還是一種人生在世生活的藝術。孔子說過這樣一句話："禮云禮云，玉帛云乎哉？樂云樂云，鐘鼓云乎哉？"（《論語·陽貨》）意思就是說，禮並不只是供獻玉帛等外在的儀式，樂並不只是撞鐘敲鼓等單純的演奏，何晏解釋孔子的意思說，禮樂是"安上治民"和"移風易俗"的。這讓我們想起 20 世紀初的一件逸事，洋人譯《禮記》一書，將書名譯為 *Rite*，辜鴻銘便批評說，禮不是 rite，rite 只是宗教方面的儀式或典禮，而中國的禮應該譯為 "art"，也就是藝術，它是生活的藝術。這倒頗合孔子那番話的意思。

不過，追根溯源，古代的禮乃是一種宗法制度與宗法觀念的產物，而宗法實際上是以血緣的遠近親疏區分身份、等級高低的社會形式。它以嫡庶為橫線、父子為縱線、夫婦為輔線，擴展而至家族、宗族乃至國家，構成一個親疏有別、等級有差的社會。而這一社會必須遵循的道德倫理規範、行為言語準則以及習俗制度儀式，便叫做“禮”。它不像 rite 那麼呆板，也不像 art 那麼浪漫。按照古人的說法，“禮，履也”，它是人必須履行、遵循的一套不成文法。你不願意也不行，它彷彿是規定好的一條道路，你不能不沿着它走。你若心甘情願並非常樂意走這條道路，那麼你會感到非常愉快，在履行職責中便感受到藝術般的享受。

當然，大概地說禮還是可以分成“禮容”和“禮義”兩類的。“禮容”的確近乎 rite，但比 rite 廣泛得多，它包括很多很多禮儀細節和行為規範，像衣服服色、飲酒禮節、相見程序、朝覲制度等等，古時所謂“繁文縟節”就是說它非常繁瑣複雜、非常細緻囉唆。“禮義”則是思想（idea），當這種思想深入心靈時，人就會自覺遵循禮並以從禮為樂。《禮記·檀弓》中引子游的話說：“有直情而徑行者，戎狄之道也。禮道則不然，人喜則斯陶，陶斯詠，詠斯猶（搖），猶（搖）斯舞，舞斯慍；慍斯戚，戚斯歎，歎斯辟，辟斯踊矣。品節斯，斯之謂禮。”就是說，野蠻人才憑着情感悲喜放縱，直來直去，但文明人則不同。通常，人高興了會陶醉，會詠哦，會搖晃身體跳起舞來，還會傷感；人悲哀了會傷心，會哀歎，會拊心而慟，最終也會跳起舞來。對這種情感和行為進行分辨、品定、規範，使它們有一定的規矩，這規矩就是禮。而一個人如果習慣成自然地依禮而行，那麼心靈中的"禮義"和外在的"禮容"絲絲入扣，他也會感到由衷的愉悅，在這個意義上，禮確實又是art。如果將 rite 和 art 合而為一，把"禮容"和"禮義"內外相融，使外在規範與內在自覺彼此交匯，那麼這就是中國古代的禮了。

中國古代提到禮的書不少，但真正記載古禮、闡釋古禮的重要典籍卻不多，最為人所重視的是《儀禮》《周禮》《禮記》三部，人稱"三《禮》"。

下面我們依照它們成書的大體時代先後分別介紹。

一、《儀禮》：古禮儀集成

據說，孔子小時候就很喜歡禮，曾"陳俎豆，設禮容"（《史記·孔子世家》），就是模仿成年人在婚喪嫁娶、相見飲酒、朝覲祭祀時的禮儀，擺放禮器做出祭獻的樣子，彷彿我們兒童聚在一起"過家家"。但孔子不是像小男孩、小女孩一樣學過家常生活，而是學了大人模樣嚴肅地按制度辦大事。這個故事是否可靠，現在已無法知道了，但儒家最重視禮是真實的，也許正是這個原因，有人猜測"儒"就是古代禮儀中的吹鼓手、巫覡或司儀的孑遺。他們熟悉這一套禮數，所以能懂各種各樣的儀式規矩，孔子就說過，他對禮很精通，夏禮、殷禮、周禮都懂，不用到別處去學習。

相傳《儀禮》就是孔子選編來教導弟子的一本書，這本書可以稱得上是古代禮儀的集成，它共分十七個部分：

（一）士冠禮。古代有一定地位的男子成年，要把頭髮從盤髻改成戴冠，表示已長大成人，這時要舉行儀式，叫"冠禮"。士冠禮實際上是貴族男子的成年禮。

（二）士昏禮。"昏"古通"婚"，士昏禮就是古代男子從訂婚到結婚的禮儀與過程，包括"納采""納吉""納徵""問名""請期""親迎"等等。

（三）士相見禮。這是士大夫相互拜訪見面時的禮節及對話方式，例如初次見面時的見面禮，就是"冬用雉，夏用腒"，否則不夠嚴肅和莊重。

（四）鄉飲酒禮。先秦尤其是西周時代，每三年舉行一次宗族大聚會，會上飲酒不只是喝酒，而是一個重要儀式，長幼親疏不能混淆，飲酒禮儀不能亂來，鄉飲酒禮就是對鄉黨聚會飲酒的規矩。

（五）鄉射禮。古代宗族聚會，有射箭的項目，射箭既是習武較技，更是考評一個人的禮儀修養。鄉射禮即射箭時的舉止規則及應注意事項。

（六）燕禮。這是會宴時的禮儀制度，例如主賓座次、舉止、答謝、程序等等。

（七）大射。大射與鄉射禮一樣，以射箭為中心，但大射是諸侯與群臣的射禮，鄉射禮則是較低級的貴族與士人的鄉黨聚會。據鄭玄說，大射是諸侯將舉行祭祀時，與群臣一起舉行的一種考察禮數的儀式，並不在乎箭中不中，而重要的是禮儀合不合。

（八）聘禮。諸侯使者奉諸侯之命去見卿大夫，聘請他們、詢問他們，這是一種表示尊重的禮節，程序很複雜。聘禮就是講這種聘問的全過程中，如何辭君、如何入境、如何答對、如何設宴等禮儀的。

（九）公食大夫禮。這是記載諸侯宴請大夫時的禮儀，如迎送、揖拜、座次、方位等等，甚至還包括菜餚規格、如何上菜等等。

（十）覲禮。這是諸侯每年秋天覲見天子時的禮儀制度。據説諸侯見天子，春天叫"朝"，夏天叫"宗"，秋天叫"覲"，冬天叫"遇"。除秋季之外，其他三季見天子也有一套禮儀，但記載的書冊已經亡佚了，只剩下秋天見天子的這部分覲禮。但這種説法未必可靠，也有人認為諸侯就是秋天才去見天子，所以本來就只有覲禮。

（十一）喪服。喪服本來是指人死後親族所穿的各等衣服，但喪服之制的涵義廣泛得多，它包括喪服的式樣等級、服喪的時限長短，並以此來區分宗族中與亡人的血緣親疏遠近及等級差別。喪服分為"斬衰""齊衰""大功""小功""緦麻"五等，時限有三年、兩年、一年、三月不等。例如子為父、父為長子、妻為夫即斬衰三年，表示至為緊要，而婿為岳父母、岳父母為婿即僅着緦麻，顯然親疏不同。

（十二）士喪禮。講士族死後的收斂方式、陪葬方式、安葬制度等等。

（十三）既夕禮。實際上是前面士喪禮的接續，講到黃昏後如何哭祭、祈禱、守靈、陳列、出殯、安壙、下葬等等。

（十四）士虞禮。下葬之後，還有一系列事項，主要是如何祭祀，這一篇等於是前兩篇的續篇。

（十五）特牲饋食禮。諸侯國中的各級士大夫祭祀祖先的禮儀，包括筮占、立尸、酬賓、獻犧牲、祭拜等等。

（十六）少牢饋食禮。這是諸侯國卿大夫祭祖儀式。所謂"少牢"是指有羊有豬，諸侯國卿大夫祭祖可用少牢，而天子的卿大夫祭祖可用"大（太）牢"，"大牢"有羊有豬外，還有牛，又高一等級。少牢饋食禮是記載諸侯國卿大夫祭祖時從擇日、筮占乃至於成禮的一整套程序。

（十七）有司徹。據鄭玄說，這是少牢饋食禮的續篇，仍講祭祖禮儀。

以上就是《儀禮》一書的內容，可以看出《儀禮》主要是記載古代禮儀制度，也就是"禮容"的一部書。它很少講關於禮的大道理，只是把禮儀一項一項詳細地記下來，因此其主要價值就在於它作為史料保存了古代禮俗。現代的社會學、人類學、民族學，都對古代社會的風俗禮儀，包括婚喪、祭祀、聚會等內容很有興趣，為甚麼？因為這一方面可以了解今天本民族的人們生活風俗習性是如何從古代演變過來的，另一方面可以藉助這些古代的資料，印證這一民族與其他民族和文明的異同。《儀禮》就是這樣一些價值很高的資料，讓我們去"想象古代中國的生活世界"，就是讓後人了解先秦時代人們的生活和社會風貌。

那麼，究竟《儀禮》是誰編撰的呢？現在不清楚。有人說，它是西周開國之初的周公所作。如宋代大學問家鄭樵《儀禮辨》就認為《儀禮》一書當成於"成王太平之日，周公損益三代之制，作為冠婚喪祭之儀、朝聘饗射之禮，行於朝廷鄉黨之間。"其實，這種說法由來已久，唐賈公彥《儀禮注疏》序便說過《周禮》《儀禮》"並是周公攝政太平之書"。但這種說法沒有甚麼確鑿的文獻依據，只是一種猜測。人們依照一種心理習慣，總是要把偉大的經典與偉大的人物連在一起，周代的禮儀制度為周代的開國功勛所作，似乎順理成章，但畢竟只是猜測。也有人說，《儀禮》是孔子所作，如清代大學問家邵懿辰，他在《禮經通論》裏還舉了三種證據，一是《禮記》一書中有不少篇是解釋《儀禮》的，如《昏義》釋《士昏禮》，《冠義》釋《士冠禮》，《問喪》釋《士喪禮》，《祭義》《祭統》釋《特牲饋食禮》《少牢饋食禮》《有司徹》，《鄉飲酒義》釋《鄉飲酒禮》，《射義》釋《鄉射禮》《大射》，《燕義》釋《燕禮》，《聘義》釋《聘禮》，《喪服四制》釋《喪服》，等等。可見，《儀禮》是古經，否則不會有人作傳來解釋，既然是古經，那麼應當是孔子所撰。二是《禮記·禮運》中孔子兩次提到"冠、昏、喪、祭、朝聘、鄉射"，這幾項是"禮之經"，十七篇即講此幾項，孔子如此重視它，可見它一定出於孔子。三是《禮記·雜記下》曾提到"恤由之喪，(魯)哀公使孺悲之孔子學士喪禮，《士喪禮》於是乎書。"既然《士喪禮》是孔子傳授後才記載成書的，那麼，其他各篇也應該來自孔子。但是這種說法也大可懷疑，《禮記》中有多篇解釋《儀禮》，只能說《儀禮》來源很早，後人多傳習它，不能說它被注釋就是經典，經典就一定是孔子撰述。孔子提到"冠、昏、喪、祭、朝聘、鄉射"，只能說孔子對禮儀制度很熟悉、很重視，不能說《儀禮》就是他所編；《士喪禮》出自孔子，也不能說它就是孔子撰述，也可能是孔子熟悉並整理過它，更不能連類而及地說十七篇均出於孔子之手。還有人説，《儀禮》成書在周公、孔子之後，在春秋以後。如宋代著名學者樂史就認為《儀禮》的"出身"很可疑，清代人朱彝尊編《經義考》即引了他的一些説法，但論據不夠充分，直到清人崔述作《豐鎬考信錄》才提出了一些較重要的證據。例如西周禮儀風氣質樸而《儀禮》顯得繁縟鋪張，春秋以前貴族財力單薄而《儀禮》記載禮儀卻十分奢華，《儀禮》所記制度與歷史記載中的春秋史實不合，也與孔子所訂禮儀不合等等，認為《儀禮》雖然保存了大量的三代遺制，但經過後人刪訂，而刪訂者所處的時代"必春秋以降，諸侯併吞之餘，地廣國富，而士大夫邑亦多、祿亦厚，是以如此齊備，非先王之制也。"今人也將考古發掘的墓葬葬制及陪葬物與《儀禮》中的《既夕禮》《士喪禮》對照，認為它確是戰國初的制度。我個人覺得，這種説法大概比較合情合理。

但是無論如何，《儀禮》的來源很古老，至少它那些具體記載中有相當大的部分不是春秋以後的人可以憑空想象出來的，而是有更古老的文獻為依據的。所以還是梁啟超《古書真偽及其年代》所説的較公允可信，他説的大意是：《儀禮》的一部分在西周初就有了，但經過了數百年，在不少人增添刪削後，才傳到了儒家後學手中，成為儒家經典，因而它是一部逐漸完成的書。孔子整理過它，也用它來教育弟子，但全書不是他編的，只是他整理的，孔子死後還有人對它進行過整理，直到漢代，才形成這十七篇的模樣。

這個説法大體可信，只有一點需要補充説明。漢代的《儀禮》本來是這十七篇，經口耳相傳，師徒轉授而來，但據説漢初又從孔子舊宅發現了五十六篇古《禮經》，十七篇與當時傳授的一樣，另三十九篇則完全不同。但這五十六篇的古《禮經》藏在"秘館"，沒有流傳，只有東漢鄭玄給《儀禮》作注時參考過它，後來就亡佚了，社會上流傳的仍是這十七篇《儀禮》。傳授《儀禮》最著名的是戴德、戴聖叔姪和慶普，慶普之學幾傳之後便湮滅了。戴德所傳稱"大戴本"，戴聖所傳稱"小戴本"。另外劉向奉命於西漢末年整理圖書編為《別錄》，又有"別錄本"。東漢鄭玄認為，大小戴本"尊卑吉凶雜亂"，便用"別錄本"為底本，參考古經五十六篇做了注釋。現在我們看到的《儀禮》，就是鄭玄注釋的，但鄭玄參用古（用秦以前文字書寫的古經五十六篇，又叫"古文"）、今（十七篇口耳相傳，到漢代用當時通行的隸書寫出，所以又叫"今文"），又不遵傳授家法，早已不是舊時傳本原貌，因而《儀禮》就離它的本來面目更遠了一步。

二、《周禮》：治國安邦藍圖？

《周禮》和《儀禮》很不一樣，如果說《儀禮》是一部講人從小到大應當注意的各種規則，家族活動必須遵循的各種禮儀，官場應酬應該依照的各種秩序的經典，那麼，《周禮》則與個人道德和人際準則沒有多少關係，是一部專講國家行政組織法的書。不過我們應當知道，中國古代的禮和法往往是一個硬幣的正反面，家和國往往是一個半徑不同但圓心相同的圓。家族、宗族中維持秩序的是禮，彷彿家法，國家裏維持秩序的也是禮，彷彿國法，家放大了是國，國縮小了是家，禮加上懲罰手段是法，法去掉了懲罰手段是禮，二五一十，五二依然一十。中國古代家族內結構要分清男女、長幼、嫡庶、親疏，各人要安其本分，盡其職責，中國古代國家組織也要分清職司、等級與職能，在天子（相當於家族的長房嫡系男主人）周圍建立一個等級分明、職司清晰的官僚機構，使各類官員各守本分、各盡其職，使國家機器正常運轉。《周禮》就是講這種官僚機構的組成與職司的一部書，它以官職為綱，共分六個部分。

（一）天官冢宰。這部分的首腦是大宰，他輔佐天子總管國家大事，類似於現在的首相或國務卿。在大宰之下，《周禮》開列出一大批屬官的名稱與人數。如"小宰中大夫二人，宰夫下大夫四人，上士八人，中士十有六人，旅下士三十有二人"等等，甚至包括煮飯的、打獵的、作醬的、管房的、管服裝的各色職官。在開列了屬官與人數之後，《周禮》又依次一一介紹各類官員的職能與權限。如大宰之下，《周禮》開列出他的職責包括"掌建邦之六典"，"以八法治官府"，"以八則治都鄙"，"以八柄詔王馭群臣"，"以八統詔王馭萬民"，"以九職任萬民"等項目，大體包括了行政、監督、財賦、文化各個方面，顯示了大宰總攬政務的職權。又如大宰之下各種官員中的膳夫，《周禮》也詳細地講述了他的工作是"掌王之食、飲、膳、羞，以養王及后、世子。凡王之饋，食用六穀，膳用六牲，飲用六清，羞用百有二十品，珍用八物，醬用百有二十甕"，記載得非常詳細。

（二）地官司徒。天官塚宰是仿天設立的，地官司徒是仿地設立的，這部分的首腦是大司徒。"徒"有人釋為"土"，所以大司徒的職責是管理天下的土地、山川、湖泊、丘陵及人口，安排建設都市，設計農業耕作，劃分溝洫疆界，協調人民的生產與生活，掌握各地物產，等等，相當於現在的經濟部長、農業部長、土地部長加財稅主管。他的下面也有各種屬官，《周禮》仍是一一開列官職、人數之後，依次介紹他們的職能。

（三）春官宗伯。春官宗伯和下面三個部門長官是仿照四季設立的，春官宗伯的首腦是大宗伯，他掌握祭祀，溝通天地人神，並主管婚、喪、聘問等禮儀制度。古代祭祀和戰爭是兩件大事。祭祀活動非常重要，所以要特別安排一個大部門。大宗伯手下有很多巫覡，有的管龜，有的管筮，還有很多樂師，有的司鼓，有的司磬，有的司鐘，此外還有很多管禮器的人來掌管鼎、彝等等，都是為祭祀禮典設立的。

（四）夏官司馬。大司馬是這一部門的首腦，他主持軍隊，彈壓四方。按《周禮》編纂者的想法，天子是天下共主，天子之下有諸侯，諸侯之間常有紛爭，因而天子要有自己的強大軍隊來實行調解，大司馬的職責就是"掌建邦國之九法，以佐王平邦國"，特別是"制軍、詰禁，以糾邦國"，"以九伐之法正邦國"，當然也包括治安保衛及訓練軍隊。他手下還有小司馬、軍司馬、輿司馬、行司馬等屬官，也分別有其職責。

（五）秋官司寇。這個部門的首腦大司寇的任務是掌管刑法和監察。按古人陰陽五行的學說，秋天是個肅殺的季節，一切都在秋天由生轉死，所以秋官正符合這個季節的特徵，大司寇"帥其屬而掌邦禁，以佐王刑邦國"，就是説，率領屬下各種官員，掌握刑法，輔助天子整肅國家。他下面的屬官有管刑律的，有管協定（司約）的，有管犯人（掌囚）的，有管監獄（司圜）的，還有管奴隸（司隸）的，用《周禮》的話説，就是"刑新國用輕典"，"刑平國用中典"，"刑亂國用重典"。大司寇的職掌彷彿司法部長加安全部長，他掌握着法律執行的尺度。

（六）《考工記》。本來《周禮》仿照天、地、四季設六官，應該有個冬官司空。但據説，《冬官司空》一篇在流傳中逸失了，沒有辦法，只好另外找了一篇性質相近的《考工記》來頂替。冬官司空的首腦是大司空，據説"空"就是"工"，他是管建設的。古人有這樣的想法，春耕、夏種、秋收，三季皆忙，只有冬天農閒，所以在冬天搞建設，而且冬天象徵一年循環之末，又是一年循環之始，因而要有所準備，冬官司空就是負責這方面的官員。建設要依靠各種專業官員與工匠，因而司空之下一定有很多這類人員的記載，但這一篇丟失了，所以只好補上《考工記》。《考工記》是古代一篇記載各種手工業門類及工藝規範的文章，其中不僅記載了當時各類工匠，還記載了當時各類手工藝及營造方面的資料，比如建造車子、舟船，鑄造兵器，縫製衣服，琢玉器，造樂器，甚至還包括溝洫與農田的規劃和城市佈局的安排，所以又是古代科技史的重要文獻。

《周禮》這部書，大致內容就是這六部分，它以六官分職，構想了一個極其龐大的國家行政系統，並通過這一職官系統規範人們的生活與生產方式。那麼，這部規模宏大的書究竟是誰撰寫的呢？古代一部分儒家學者（如古文學派）說是周公所作，一部分儒家學者（如今文學派）說是漢代劉歆偽造，一個太早，一個太遲，都靠不住。根據現代學者研究，大致上形成了幾點比較一致的看法：

其一，它不可能是西周時代的作品，因為它的職官名稱與出土的西周鐘鼎銅器銘文上的名稱大相歧異，而銅器銘文是不會說假話的。它的官僚機構過於龐大，而西周王朝絕對建立不了這麼龐大的國家機構。

其二，它大約出現在戰國中期，當時一些諸侯國既富且強，如齊、秦、楚等，大有逐漸統一的趨勢，因而一些學者便撰述了這本書，想用它來為即將出現的大一統王國提供藍圖，但它從未真正地得到實現。

《周禮》雖然是戰國時代的作品，但其中的確保存和採用了許多古老的史料，因為設計藍圖的人不能憑空想象、另起爐灶，總要有所憑依、有所根據，因而它在職官名稱與職能的敘述中又有一些與西周、春秋時代的制度相一致，完全否認它的史料價值是不對的。

三、《禮記》：禮的闡釋

《禮記》與《儀禮》《周禮》又不一樣，後兩部都是完整而有系統的禮制經典，而《禮記》卻是一篇一篇關於禮的論文的彙編。

從戰國到西漢，中國經歷了一個從"禮崩樂壞"到"興禮制樂"的過程。據說本來出身於下層，並沒有多少文化底子的漢高祖劉邦，看到禮儀重建後群臣整肅恭敬的模樣，心中大為高興，覺得這才體會到了當天子的滋味，便很鼓勵儒生講禮。於是，漢代有不少儒學世家在傳授禮儀之書，他們不僅傳授《禮經》，也注意收集關於禮的論文，其中戴德、戴聖叔姪就各自選編了一本關於禮的論文集，戴德選了八十五篇，後人叫它《大戴禮記》，戴聖選了四十九篇，後人叫它《小戴禮記》。後來，叔叔選的不如姪子選的流行，人們就乾脆把戴聖選的這一本叫《禮記》，所謂"三《禮》"之一的《禮記》、十二經之一的《禮記》，指的都是這一本。

《禮記》四十九篇，內容十分複雜豐富，大體歸納一下，可以把它們分為三大類。

第一類是論述、闡釋禮的論文。它們有的是長篇論述，有的是問答，有的是記載一些實例，如《曲禮》(上下篇)、《檀弓》(上下篇)、《禮運》、《曾子問》《大學》、《中庸》、《哀公問》等等，或講禮儀制度及其注意事項，或記述古人一些合乎禮的行為和言論，或從人生觀、宇宙觀的角度闡釋禮的意義，或論述禮的歷史由來。其中，最值得注意的是《大學》《中庸》兩篇，這兩篇即後來讀書人必讀的"四書"中的兩書，它們的特異之處，在於擺脫了就禮論禮的陳舊格局，不再拘泥於外在的"禮容"形式，而是從人性論及方法論的哲理高度來談禮的本質，強調人生對道德倫理的自覺意識，這樣就把子思、孟子一派的思想發揚光大了。例如《大學》講"明明德"，甚麼叫"明明德"呢？鄭玄注說："謂顯明其至德也。"孔穎達疏又進一步解釋說：「言大學之道在於章明己之光明之德，謂身有明德而更章顯之。」也就是說，人本身心靈中即有光明正大的道德本性，而《大學》的意義就是使人發揚光大這種道德本性。於是，《大學》一開始就建立了「至善」的人性論基礎，從這裏出發論述人如何自覺修心養性，如何自覺提升境界。那麼人又如何能達到這種自覺呢？《大學》接下去就從心靈修養說起，說人應當「知止」，即建立追尋「至善」的信念，「知止」便會定，定了就會靜，靜了才能安，安則能思慮，思慮之後就會有所得。這樣人就能夠端正心思，培養修養。《大學》接下去便引出後世極有名的那一段從心性論到政治學的邏輯鏈──致知、誠意、正心、修身、齊家、治國、明明德於天下。在《大學》的撰述者看來，這就是本末終始的秩序，就是建立社會和諧的秩序。當每個人都誠意、正心、修身之時，家庭與家族便會見賢思齊似地形成和睦安定的基本單位；這些基本單位一旦和睦安定而且上下有序，那麼，國家也會井井有條；國家一旦井井有條，那麼它就能使天下以它為儀型，形成良好的倫理道德秩序。因此《大學》要從最基本的人性自覺談起，最後落實到「為政治國」上去。《中庸》同樣如此。《中庸》一開篇就說：「天命之謂性，率性之謂道，修道之謂教。」意思也是先肯定人性中「至善」的本質是天賦予人的，人能遵循這種天賦人性便是「道」，教人們普遍懂得遵循人性，便是教化。所以《中庸》又說，甚麼是「道」？「道」就是人一刻也不能離開的本性，「道不遠人」，人若想修「道」，就首先應當追尋自己內心中的道德本性。只是《中庸》與《大學》有些不同，《中庸》重點在於討論性情的表現形式和尺度。它認為，除了人內心的道德本性要自覺把握之外，還要自覺把握性情萌發之後的節度，因為人性中畢竟除了道德理性外還有情感的成分，於是它提出了"中庸"這一概念，並引孔子話說："君子中庸，小人反中庸。"

甚麼是中庸的態度呢？過去有人解釋為"不偏不倚"，其實不對。《中庸》裏有一段話已解釋得很清楚了，"中"就是"情動於中""無動於中"的"中"，指"喜怒哀樂之未發"時的內心；"庸"就是"常道"，指內心感情萌發後應當遵循的節度，不溫不火，不過也不不及，合符禮的規矩，也不違背人之常情，所以說，是"發而皆中節，謂之和"，中庸也就是中和，就是內心情感合符禮儀、合符情理的正確表現，換句話說，就是情感在道德本性與禮儀規範所要求的尺度中的表現。

《禮記》中第二類內容是解釋古禮儀制度。《禮記》有相當一部分論文與《儀禮》相關，例如《冠義》與《儀禮·士冠禮》、《昏義》與《儀禮·士昏禮》、《鄉飲酒義》與《儀禮·鄉飲酒禮》、《燕義》與《儀禮·燕禮》、《聘義》與《儀禮·聘禮》、《喪服小記》與《儀禮·喪服》等等。這類論文有十來篇，大體內容均為解釋、補充、闡發《儀禮》中所記載的各種禮儀制度，例如《昏義》篇一開頭就說：

> 昏禮者，將合二姓之好，上以事宗廟而下以繼後世也，故君子重之。是以昏禮納采、問名、納吉、納徵、請期，皆主人筵几於廟而拜迎於門外，入揖讓而升，聽命於廟，所以敬慎重正昏禮也。

在講述了昏禮的意義後，便一一解釋各種儀式的內涵，解釋夫婦之道的規矩，並說明天子婚姻制度的象徵意味，用陰陽學說做了一番闡述。其他各篇也大抵如此。

《禮記》的第三類內容，是補充《儀禮》所不備的古禮。看來《禮記》的"禮"要比《儀禮》的"禮"內涵寬泛得多，《儀禮》基本上是狹義的禮儀制度與規則，而《禮記》則風俗習慣、教育方法、巫覡祭祀等無所不包。例如這一類篇章中的《月令》，是古代一種"月曆"，它記載的是十二個月中人們的行事、氣候與物候、天象變化等等，並不是禮儀制度。又如《樂記》是古人對於音樂的理解與闡發，它論述了儒家對於音樂道德教育功能的看法，也記載了儒家對於音樂審美境界的認識，雖然古代禮、樂並舉，但它的內容只是音樂思想而不是音樂制度。但是應該明白，古人心目中的禮實在是很廣泛的，凡與人事有關的均屬禮，所以才說"禮，履也"，所以《禮記》把天象月曆、音樂思想囊括入內倒也並無大錯。在這一類文字中，還有講述古代明堂（古代祭天的場所或教育貴族的學舍）制度的《明堂位》，講述學習必要性的《學記》，講述婦女行為準則與持家之道的《內則》，講述人們行為舉止風度的《少儀》等等。例如《內則》說婦道：

> 婦事舅姑，如事父母，雞初鳴，咸盥漱，櫛、縰、笄、總、衣紳……以適父母舅姑之所。及所，下氣怡聲，問衣燠寒，疾痛苛癢，而敬抑搔之。出入，則或先或後，而敬扶持之。

就是説的婦女嫁人之後如何恭敬地侍奉公婆及晨起請安等規則。又如《少儀》説人臣：

不窺密，不旁狎，不道舊故，不戲色。

就是説的作為臣下，人們在社會上不要窺伺他人的隱私，不要與別人過於親熱而惹麻煩，不要説別人過去的經歷以免引起不快，不要開玩笑惡作劇導致互相反目。

上述三類內容就是《禮記》的主幹。從這裏可以看出《禮記》的內容極為龐雜也極其豐富，它比《儀禮》更注重人們的道德修養，比《周禮》更注重個人在社會中的行為規範。它側重的是對禮的闡釋，比起《儀禮》《周禮》來，它更深入人的內心世界，換句話説，它是從"禮容"深入到了"禮義"，因而在後世更受人們的注意。

《禮記》的編輯時代與編撰者都很清楚，雖然還有爭論，但沒有必要在這裏重複，有興趣的人可以參看現代學者洪業（1893—1980年）《禮記引得》序。只是有一點需要提出來請讀者注意，即《禮記》四十九篇的來源是很複雜的，據考證，它的不少篇是從其他書中截取出來單獨成文的，如《月令》來自《呂氏春秋》，《學記》採自《荀子·勸學》，《三年問》採自《荀子·禮論》，《祭法》來自《國語·魯語》柳下惠論祭法等等。還有不少篇是分別來自不同作者的論文，如《樂記》據説是公孫尼子所作，《中庸》《表記》《坊記》《緇衣》據説是子思所論，《曾子問》據説是《曾子》中的一篇等等。近來，考古發現給這些問題帶來了新的線索，比如，郭店楚簡中的《性自命出》《魯穆公問子思》《五行》等，使人們對子思一系儒學有了更多的認識，也使人們對子思與《禮記》一些篇目的關係有了新的考慮。而郭店楚簡、香港中文大學所藏楚簡、上海博物館所藏楚簡都發現了《緇衣》，更是為《禮記‧緇衣》一篇的時代提供了新的依據。不過，對於《禮記》的大部分篇目來説，精確的時代與作者的認定還是相當困難的，儘管有各種各樣的考證與猜測。但是這些考證和猜測是否成立，現在還很難説。在沒有更多的新文獻如考古發現簡帛出現之前，很難有讓人信服的定論，因此這裏也就不多講了。

四、三《禮》：價值何在

關於禮的觀念與思想，我們在《〈論語〉：禮與仁》一講中已經談過，這裏就不再重複。在這裏主要要談的是三《禮》這三部經典本身的價值，換句話説，就是我們讀三《禮》有甚麼用處，它能告訴我們些甚麼？

首先，三《禮》能給我們提供古代歷史、社會與文化的具體而形象的資料，告訴我們古人是怎樣生活的。現代人了解歷史多半是靠歷史教科書，但歷史教科書彷彿“履歷表”，只是依照時間順序乾巴巴地羅列所謂的歷史事件，除了那些帝王將相及少數偉人外，歷史教科書中沒有常人的活動，更不消説常人的生活。於是，當人們依照教科書來回憶歷史時，似乎總是隔了一層，既無形象，也不親切，好像在陳列館裏隔着玻璃看說明，最終出現在腦海裏的也還是文字。現代人了解歷史，還有一個途徑是看歷史電影或戲劇，但那些歷史電影或戲劇常常把古人"現代化"了，常常在服裝、道具、背景上鬧時代錯位的笑話，更不消說那種難以"復原"的時代的氛圍、時代的氣息，於是觀看者常常會把不同時代的事件與人物，歷史真實與戲劇效果，歷史人物與演員疊合成一個奇怪的疊影，以至於誤解了歷史。而我們讀三《禮》，就可以知道古人生活的真實情狀，他們吃飯怎麼吃，喝酒怎麼喝，成年時如何舉行冠禮，結婚時有甚麼講究，人死了又如何下葬、如何祭祀等等，就不會鬧出周文王用三枚圓形銅錢佈卦、漢代人讀線裝書或明版《康熙字典》一類的常識性笑話。進而我們還可以知道古代諸侯國君臣之間宴會如何舉行，覲見如何站位，遇事如何決斷等等，就不會犯了諸如先秦君主盤腿箕踞或坐在高腳凳上等待臣下山呼萬歲，諸侯之間戰爭時如現代開軍事會議團坐會商之類的常識性錯誤。甚至我們還可以用這些資料與現代考古發掘出來的實物進行驗證，識別許多古人常用而現在早已失傳的器物，了解許多古人遵循而現在早已廢棄的規矩，知道許多古人習慣而現代人早已陌生的禮儀。不妨舉個例子，古人祭祀之前要"齋"，現在人理解齋就是不吃葷腥，其實讀三《禮》可以知道，古人的齋並非不吃葷腥，而是"不御、不樂、不弔"，也就是不近女性、不聽音樂、不弔喪問病，這是為了表示虔誠肅敬。而大祭儀式前，君王還要用秬鬯（一種香酒）沐浴，從前十天起開始持齋，到前三天還要住到齋宮中去日夜想念祖先或神靈的音容笑貌。《禮記·祭義》說是

"齊（齋）之日，思其居處，思其笑語，思其志意，思其所樂，思其所嗜。"《郊特牲》又說齋以"陰幽思"，要在後三日齋中"必見其所祭者"。也就是晝思夜想，一定要見神見鬼。此外，齋日中，王還要食玉屑，《周禮‧玉府》說："王齊（齋）則共（供）食玉"，因為"玉是陽精之純者"，可以抵禦陰幽之氣。這些習俗單憑想象是斷然難以想到的。現代文化人類學在探索文明歷程時常常要求人們"復原"歷史場面，而三《禮》正是"復原"歷史場面的極其重要的資料。

其次，三《禮》能夠告訴我們古代思想世界究竟是一幅甚麼樣的圖景，也就是説，能告訴我們古人在當時"想"甚麼，如何"想"。現在的思想史、哲學史大多過於注意個別思想家的思想表述而忽略了當時普遍的思想水平，總是以那些睿智而理性的思想系列來代替世俗社會的觀念世界，於是我們常常以為那個時代的人都那麼清醒。其實，從考古發現的大量資料可以看出，就是在禮樂興盛的西周和百家蜂起的東周，人們也還是異常迷信的，"重鬼神、信巫覡"的風氣並非只在楚文化中存在。細讀三《禮》就可以知道，那個時代的人們，一方面道德理性思想極為濃厚，事事有禮，事事有制，人們追求謙恭的禮儀風範和肅穆的人際秩序；另一方面鬼神觀念極為濃厚，處處有靈，處處設祭，占筮驗卜，祈禳祝禱，乞求想象的另一世界，乃至於近乎迷信的虔誠。把這兩方面合起來，才是先秦時代思想的全景。當然，我們還可以從《周禮》中看到當時士人心中迎接新的大一統王朝出現的衝動，那龐大而細密的王朝行政藍圖，就表明了士人建立"理想國"的一整套想法；也可以從《禮記》中看到一個沿襲已久的統一禮制在經歷了"禮崩樂壞"的時代後怎樣分崩離析，以至於許多禮學專家也眾說不一，那些形形色色的論文多少也透露了他們的惶惑，也反映了他們的焦慮。

最後，三《禮》還可以與現代民俗學、人類學的材料相印證，告訴我們文化是怎樣從古代轉向現代的。在漫長的傳統時代，古代中國人相信，遵循"禮"的生活，就是"文明"，所以很多學者都把有沒有"禮樂"作為文明與野蠻、華夏與蠻夷的分野。他們把這種源自古代中國的"禮"視為普世應當遵循的規則，也把"禮"當作人類互相往來的方式，如果能夠遵循"禮"，蠻夷也可以是華夏，如果"禮"崩壞了，華夏也將會淪為夷狄。可是，19世紀以來，這一被古代中國當作"普世文明"的"禮"，漸漸被來自現代歐洲的另一套規則與價值所取代，這就引出了所謂"二千年未有之巨變"。不過，傳統並沒有那麼容易"歸零"，文化也不是那麼容易被文明"替代"，現代中國仍然遺留了很多傳統基因，雖然三《禮》之後又過去了幾千年，但現代文化習俗制度畢竟是從古代文化習俗制度中脫胎而來的，中國人之講究禮儀、中國家族之血緣親情、中國種姓之組織結構、中國節令風俗之繁富複雜、中國婚喪嫁娶儀式之種種制度，乃至中國人心靈深處之各類觀念核心……無一不與古代禮制有微妙關聯。

所以，了解三《禮》的儀制及其包含的觀念與思想，必然能更深刻地理解現代中國人，包括我們自己。

【文獻選讀】

1.《儀禮·士相見禮》

凡燕見於君,必辯君之南面;若不得,則正方,不疑君。君在堂,升見無方階,辯君所在。凡言,非對也,妥而後傳言。與君言,言使臣;與大人言,言事君;與老者言,言使弟子;與幼者言,言孝弟於父兄;與眾言,言忠信慈祥;與居官者言,言忠信。凡與大人言,始視面,中視抱,卒視面,毋改。

2.《儀禮·喪服》

(斬衰為)父。《傳》曰:為父何以斬衰也?父,至尊也。諸侯為天子,《傳》曰:天子,至尊也。君,《傳》曰:君,至尊也。父為長子,《傳》曰:何以三年也?正體於上,又乃將所傳重也。

3.《周禮·考工記》

國有六職,百工與居一焉。或坐而論道;或作而行之;或審曲面勢,以飭五材,以辨民器;或通四方之珍異以資之;或飭力以長地財;或治絲麻以成之。坐而論道,謂之王公;作而行之,謂之士大夫;審曲面勢,以飭五材,以辨民器,謂之百工;通四方之珍異以資,謂之商旅;飭力以長地財,謂之農夫;治絲麻以成之,謂之婦功。

4.《禮記·禮運》

昔者仲尼與於蜡賓,事畢,出遊於觀之上,喟然而歎。仲尼之歎,蓋歎魯也。言偃在側曰：「君子何歎？」孔子曰：「大道之行也，與三代之英，丘未之逮也，而有志焉。」

大道之行也，天下為公。選賢與能，講信修睦，故人不獨親其親，不獨子其子，使老有所終，壯有所用，幼有所長，矜寡孤獨廢疾者，皆有所養。男有分，女有歸。貨惡其棄於地也，不必藏於己；力惡其不出於身也，不必為己。是故謀閉而不興，盜竊亂賊而不作，故外戶而不閉，是謂大同。

今大道既隱，天下為家，各親其親，各子其子，貨力為己，大人世及以為禮，城郭溝池以為固。禮義以為紀，以正君臣，以篤父子，以睦兄弟，以和夫婦，以設制度，以立田里，以賢勇知，以功為己。故謀用是作，而兵由此起。禹、湯、文、武、成王、周公，由此其選也。此六君子者，未有不謹於禮者也。以著其義，以考其信，著有過，刑仁講讓，示民有常。如有不由此者，在勢者去，眾以為殃，是謂小康。

5.《禮記・中庸》

天命之謂性，率性之謂道，修道之謂教。道也者，不可須臾離也，可離非道也。是故君子戒慎乎其所不睹，恐懼乎其所不聞。莫見乎隱，莫顯乎微。故君子慎其獨也。喜怒哀樂之未發，謂之中；發而皆中節，謂之和。中也者，天下之大本也；和也者，天下之達道也。致中和，天地位焉，萬物育焉。

6.《禮記・大學》

大學之道，在明明德，在親民，在止於至善。知止而後有定，定而後能靜，靜而後能安，安而後能慮，慮而後能得。物有本末，事有終始，知所先後，則近道矣。古之欲明明德於天下者，先治其國；欲治其國者，先齊其家;欲齊其家者,先修其身;欲修其身者,先正其心;欲正其心者,先誠其意;欲誠其意者,先致其知,致知在格物。物格而後知至,知至而後意誠,意誠而後心正,心正而後身修,身修而後家齊,家齊而後國治,國治而後天下平。自天子以至於庶人,壹是皆以修身為本。其本亂而末治者否矣,其所厚者薄,而其所薄者厚,未之有也!此謂知本,此謂知之至也。

【參考書目】

1. 《儀禮注疏》,【漢】鄭玄注,【唐】賈公彥疏,《十三經注疏》本,中華書局,1980。

2. 《周禮注疏》,【漢】鄭玄注,【唐】賈公彥疏,《十三經注疏》本,中華書局,1980。

3. 《禮記正義》,【漢】鄭玄注,【唐】孔穎達疏,《十三經注疏》本,中華書局,1980。

4. 《儀禮正義》,【清】胡培翬撰,江蘇古籍出版社,1993。

5. 《周禮正義》,【清】孫詒讓撰,中華書局,1987。

6. 《禮記集解》,【清】孫希旦撰,中華書局,1989。

7. 《三禮辭典》,錢玄、錢興奇編著,江蘇古籍出版社,1998。

《淮南子》：牢籠萬象的體系

牢籠天地人鬼，給萬象以總的綱領，貫穿宇宙與社會，讓古代各種知識融成一個大的體系，遙想漢代，不由感慨他們竟有如此宏大的氣象。

外國人講理論，好搬弄邏輯，所以動輒開出一個體系。有人曾這樣說，一百個西洋思想家能建立九十九個體系。所謂"體系"，不僅指他所論述的內容結構嚴密、邏輯分明，而且指他所論述的範圍廣大開闊、包羅萬象。可是中國先秦時代的思想家卻不大愛建構體系，有甚麼心得說甚麼心得，想到哪兒就說到哪兒，彷彿信馬由韁地漫步，全憑智慧感悟。所以《老子》像格言詩，《論語》是語錄體，《孫子兵法》像警句又像規則，《莊子》卻像散文也像寓言。不過，後人也曾為他們總結體系，如老子"道的體系"、孔子"仁學體系"、孫子"軍事思想體系"、莊子"人生思想體系"等等。可我們要明白，這些體系只是"後見之明"，是後人硬從裏面整理出來的，彷彿長江、黃河本來是"水往低處流"的結果，地理學家硬給它描繪出水系、流域和上、中、下三游，以至於後人不得不承認它們確實有上、中、下三段。

體系有體系的弊病，就是為了成為體系，硬要撐起一個龐大的邏輯框架，萬一某一處站不住腳，整個邏輯框架就像多米諾骨牌一樣全部坍塌。不過體系也有體系的好處，就是它明確而清晰地表達一種對自然、社會、人的整體看法。這一點很有用，因為人們讀智者格言、哲人妙語，只能領悟到智慧的快樂，卻很難得到明確而系統的知識，也無法把它運用於實踐。可是有了體系，卻可以把握眼前這個世界的秩序，使人們樹立"我了解這一切"的自信心，也使人們得到解決任何問題的形式與手段。所以，當先秦思想家的思想日益成熟，便逐漸出現了體系的雛形，如《管子》《荀子》《韓非子》等就較早期著作系統得多、整齊得多。終於在大一統的秦帝國即將出現的前夜，出現了一部包羅萬象、體系基本成形的著作，這就是《呂氏春秋》，它彷彿預言了大帝國的誕生。

不過，這裏我們不談《呂氏春秋》，因為它還比較粗糙。為了進一步了解古代中國思想世界對自然、社會與人自身的整體觀念，我們要介紹一個真正精緻的、成熟的體系，這就是漢代初期成書的《淮南子》裏的囊括天、地、人、神的體系，它追隨着《呂氏春秋》的思路與風格，但比《呂氏春秋》更精緻、更宏大。

一、劉安與《淮南子》：一部奇書

淮南王劉安是漢高祖劉邦私生子劉長的兒子，算起來是劉邦的孫子。按照漢初封同姓王的規矩，劉長也封了王，可他在漢文帝時想造反，被發現後就被流放了，他心裏憤恚交集，在流放途中絕食自殺，死後謚為厲王，"厲"是一個不太好的字眼。不過，劉安並沒有因為父親的罪過而被連累，漢文帝寬宏大量，又封他當了淮南王，他當了四十多年 (前 164—前 122) 的諸侯王。據說，他並沒有忘記這殺父之仇，而是把仇恨埋在心裏，他不像其他王侯一樣放縱淫逸，史書裏說他"為人好讀書、鼓琴，不喜弋獵狗馬馳騁，亦欲以行陰德，拊循百姓，流譽天下。"也算是胸有大志，也算是野心勃勃。他招攬了很多有本事的人，其中有舞文弄墨、出謀劃策的文士，也有作鬼弄神、專門搗鬼的方士，準備有朝一日再繼承父親的遺志造反。但是，他讀書讀多了，就有些文人優柔寡斷的毛病，沒等他起事就被人告發，於是，落了個跟他父親一樣的結局，自殺而死，這也真是"無巧不成書"。

《淮南子》就是他在當王時召集手下人編成的。據說，本來《淮南子》有"內書"二十一篇，"外書"三十三篇，另有中篇八卷，其中"內書"講宇宙、社會、人的哲理與方法，中篇講神仙方術，像驅使鬼神、煉金之法、修煉之術等等，"外書"則不知內容，大概三種書是互相配合的。可是中、外篇後來都亡佚了，只剩下一些片斷零星的文字，清人茆泮林和葉德輝各輯了一些，收在《梅瑞軒十種古逸書》和《觀古堂所著書》中，用了一個舊名稱叫《淮南萬畢術》，其內容大多是講神仙方術和巫覡之法的，很可能就是中篇八卷的孑遺。而現在剩下完整的，就只有"內書"二十一篇，由於中、外篇均亡佚，所以人們就把這"內書"二十一篇直接叫做《淮南子》。不過，僅僅是這《淮南子》二十一篇，也已經是一個包羅萬象、牢籠天地的哲理體系，正像漢代高誘《淮南鴻烈集解》序所說的"言其大也則燾天載地，說其細也則淪於無垠，及古今治亂、存亡、禍福，世間詭異、瑰奇之事。其義也著，其文也富，物事之類無所不載。"意思就是說，《淮南子》這二十一篇，說大則上到天下及地無不包容，說小則涉及纖小如牛毛的小事，關於古往今來治亂存亡禍福、關於人世間各種詭異古怪的現象也無不囊括在內，它的意蘊十分豐富，它的文采十分華麗，天下事物無所不有。所以，它又有一個名字叫《淮南鴻烈》。據高誘說，"鴻"是大的意思，"烈"是明的意思，合起來就是說《淮南子》是一部使宇宙間一切奧秘大大明晰起來的書，"學者不論《淮南》，則不知大道之深也。"這話倒不是盲目贊誇之辭，因為《淮南子》的確是一部構思精密、構想奇特、構造完備的著作。

二、龐大的體系與結構：中國古人宇宙觀念

《淮南子》二十一篇，可以分成以下幾個大類。

第一類是總論"道"的意義，這只有一篇，即第一篇《原道》。在《淮南子》看來，"道"是宇宙、社會、人的一切的本質和本原，它無所不在，無論是自然、社會還是人類自身，無論是神鬼幽冥之界，還是人類現實之世，都離不開"道"。而"道"作為一種支配性的潛在力量，其特點一是柔弱虛靜，二是自然無為，三是返本復初，這和老子的想法相同，是來自古道家的思想。

第二類是根據"道"的哲理來探討自然、社會、人類的起源、演化歷程，根據陰陽五行等思想來討論自然、社會、人類乃至幽

冥鬼神之間互相對應的結構及感應關係。這包括第二篇《俶真》、第三篇《天文》、第四篇《墜形》、第五篇《時則》、第六篇《覽冥》、第七篇《精神》。《俶真》中"俶"是開始的意思，"真"是真實的意思，合起來就是講從無到有，它彷彿一篇討論宇宙起源論的文章，主旨是闡述宇宙從混沌時代"天地未剖""陰陽未判""四時未分""萬物未生"狀態向元氣、向陰陽、向天地、向萬物依次演進的次序，它的基本依據是老子"有生於無"和"道生一，一生二，二生三，三生萬物"的思想。《天文》，顧名思義就是講天象的，有一點像我們現代的天文學，但是它的目的不是尋找天體星辰的運行軌道與本身結構，而是討論自然之"天"（天體）與自然之"地"（大地）以及社會、人類之間神秘的對應關係。而《墜形》則是與《天文》相對而講地理的，"墜"就是"地"，有一點像我們現代的地理學。它雖然講了各種地域的劃分、物產、習俗、特徵，可目的也不在於真正的地理之學，而在於把"地"與"天"相對應，設計一個整齊有序的宇宙圖式。《天文》《墜形》合起來，就總括了天地，甚至包容了天地之間一切事物，這天地萬物在這裏又被劃分成了各種互相對應的類，像天有中心，地也有中心，天分九野，地分九州，星宿與州郡諸國一一對應，天象與地象一一掛鈎，季節、方位、風向、物候與人事也都互相匹配、互相感應。而天、地、人、物、事互相聯繫起來的一個內在思路，即當時流行的陰陽、五行、八卦、九宮等理論，《淮南子》把這些不同理論重疊在一起，綜合成一個整齊有序、層次分明的大結構，並把天、地、人、物、事往其中安放，使它們也呈現出整齊有序、層次分明的樣子。

如果説《天文》《墜形》是按空間把天、地、人、物、事繫連在一起的，那麼，下一篇《時則》則是依時間把天、地、人、物、事繫連在一起，它有些像現代的曆法，但中心卻是在討論四時、十二月、二十四節氣的推移過程中的天象變遷，物候變化，人事所宜、所禁以及各種象徵等等，目的仍是在於使人類與天地"依時俱移"，達到天、地、人的和諧。既然天、地、人、物、事都互相對應了，那麼，這種對應關係又會有甚麼感應作用呢？下一篇《覽冥》就進一步討論幽冥之中的感應。"覽"就是觀察，"冥"就是幽冥變化，《淮南子》認為宇宙間天、地、人、鬼之間是有一種神秘聯繫的，這種聯繫的表現就是"感應"，例如東風來與酒變清，鯨魚死和彗星出，取火於日，取露於月等等，都表明此事物與彼事物間有"慈（磁）石連鐵"般的"物類相應"。"專精厲意，委務積神，上通九天"者得上天關照，而做壞事者"雖在壙虛幽閒，遼遠隱匿"也無從逃避懲罰，表明天、地、人、神之間有懲報式的"天人相應"，而發生感應的渠道正是天、地、人、物、事之間陰陽、五行、八卦、九宮等各個相應的方面。

最後，在《精神》一篇裏，《淮南子》討論了人類自身，它把人和天地繫連在一道，説人與天地一樣是"氣"的產物，"煩氣為蟲，精氣為人"，人受陰、陽二氣而生，精神靈魂來自天，骨骸血肉來自地，人死後"精神入其門，而骨骸反其根"。不僅如此，人與天、地處處相對應，人的頭圓是像天的形狀，人的腳方是像地的形狀，天有四時、五行、九解、三百六十六日，人有四肢、五臟、九變、三百六十六骨節，天有風、雨、雷、電，人有喜、怒、哀、樂，

所以人應當效法天地。效法甚麼呢？就是效法天地的寧靜而自然，
"天定以清，地定以寧"，既然人與天地相通，那麼應當與天地一
樣，寧靜、虛融、安定，因為這就是"無"，就是"道"。只有這樣，
才是返本復初，其他一切外在的修煉方法都是次要的，這就好像
"以湯止沸，沸乃不止，誠知其本，則去火而已矣。"保持定、靜
狀態，就是人類永恆生存的"本"。

從自然的天、地、人、神關係出發，《淮南子》又進入了社會
的領域，它的第三類內容是討論政治、倫理問題的，包括第八篇
《本經》、第九篇《主術》、第十篇《繆稱》、第十一篇《齊俗》、第
十二篇《道應》、第十三篇《氾論》。以上各篇在談論社會的政治、
倫理問題時，仍然恪守着"道"的理論，所以，幾乎各篇中都一再
強調，那種符合"道"的社會應當是原始而淳樸的，"無慶賀之利、
刑罰之威，禮義廉恥不設，毀譽仁鄙不立，而萬民莫相侵欺暴虐，
猶在於混冥之中"；合符"道"的人應當是無思無慮的人，"不哀不
樂、不喜不怒，其坐無慮，其寢無夢"。但是，《淮南子》的作者
也看到這種時代已一去不復返了，"道滅而德用，德衰而仁義生"，
所以，他們也很識時務地討論起社會治理的問題來。在《本經》和
《主術》兩篇中，就談到在"道"已衰落的時代，如何才能遵循"道"
來管理社會。在他們看來，最上策當然是返本復初的"無為而治"。
其次是禮樂教化，使"政教平，仁愛洽，上下同心，君臣輯睦，衣
食有餘，家給人足，父慈子孝，兄良弟順，生者不怨，死者不恨。"
再次就是申不害一流的君主駕馭臣下之策，但又主張君主要仿效
"道"，運轉無端，不因循常法，變化如神，常後不先，以控制一

切，而臣下則要盡職盡責，為事身先，守職分明，以便取得成功。可以看出，在《淮南子》這裏，道、儒、法三種思想是被打通了的，這正是漢代思想世界的一大特色。

緊接下去，《繆稱》一篇又討論了君子與小人的名實問題。它認為上古人"體道而不德"，就是自覺地遵循"道"而根本不必考慮道德規範，中古人"守德而弗壞"即自覺地遵循"德"而不會越軌，可現在的人卻"唯恐失仁義"，也就是說"仁義"成了人心的最後一道防線，不得不戰戰兢兢地守住人之為人的界限。作為一個君子，就只有努力行仁義之心、為仁義之事，所以，要分清君子、小人，就要循名責實，便名副其實，君子講仁義，小人講嗜慾，這是最大的區別，不弄清楚，天下道德就沒有標准。既然分清了君子、小人的界限，那麼就要用君子之行為道德來整治天下，於是下一篇《齊俗》就論述如何使天下百姓的習俗都合符君子之德。這裏《淮南子》又吸收了先秦儒家心性論的內涵，從性、習來探討這一問題。它說，現在是末世，古老的習俗已蕩然無存，人的本性雖然與古人相同，但環境卻使他們與古人不同，好比三月嬰兒移居他鄉，長大後即不知本來居處的風俗；竹子雖性浮，但竹簡作捆卻會下沉；金子性沉，但載於船上則上浮；彷彿絲織物，染白則白，染黑則黑，人也一樣。所以要"移風易俗"，建立一個禮樂和洽的社會氛圍，使人們都成為君子。

但是，《淮南子》的根本畢竟是道家思想，說來說去仍念念不忘這"道"字，所以，下面兩篇《道應》和《氾論》又回過頭來討論"道"的應用和變化。它舉了大量事例來印證《老子》中的話，說明

"道"既是玄虛恍惚的"體",又是具體鑿實的"用",老子思想既是有關宇宙的"理",又是有關人間的"數",並且論證了"道"會隨時代變化而變化。正因為它無所不貫、隨時變化,所以它能兼容和涵蓋各種各樣治世的理論與方法。雖然各種思想互不相同,但"百川異源而皆歸於海,百家殊業而皆務於治",終究可以統一到道家旗幟下來。所以它說:"夫道其缺也,不若道其全也。"所以胡適說:"道家集古代思想的大成,而《淮南王書》又集道家的大成。道家兼收並蓄,但其中心思想終是那自然無為而無不為的'道'。"這說得很對。包羅萬象、囊括天地正是漢代新道家的抱負,它不僅要探討宇宙之道,而且要講人世之理,甚至還要建立一整套實用的政策與策略。

第四類的內容就比較龐雜了,但仔細考察仍可以看出,《淮南子》是要把先秦各家之長都囊括在它的大體系之中,於是它的第十四篇《詮言》、第十五篇《兵略》、第十六篇《說山》、第十七篇《說林》、第十八篇《人間》、第十九篇《修務》,廣採諸家關於人間各類事務的見解,分別論述政治、軍事、人際關係、個人修養等方面的問題。

《詮言》一篇似乎吸收了各家的思想,但仍以道家思想為本。在《淮南子》看來,"道"是不可言說、無形無名的,但是它一旦化生為萬物,便有了形與名,"名與道不兩明,人受名則道不用,道勝人則名息矣。"就是說一旦政治家重視外在的"名",就可能忘掉了合符自然的"道";治國者玩弄小小的機智,就可能會"始於治,常卒於亂";臣下若恃仗自己的才能,就可能招致殺身之禍;

人若是重形而輕神，則必然"形勝而神窮"。因此，它主張原天命、治心術、理好憎、適情性，最後"有智若無智，有能若無能"，終歸於"無名""無為""無慾""無心"的大道。

《兵略》則在論述兵家軍事策略的時候，強調在不得已而用兵時所應遵循的"道"。這"道"是甚麼呢？就是"無形"。通常用兵佈陣講究戰略戰術，戰略戰術之制定常有規律，而有規律則有了"形"，但最高明的用兵如神者卻超越"形"，"有篇籍者，世人傳學之，此皆以形相勝者也。"真正"善形者弗法"，因為他"無形"，而且遵循"道法自然"的原則，後發制人，所以"不可制迫也，不可度量也，不可巧詐也，不可規慮也。"這樣，便可以"運籌於廟堂之上，而決勝乎千里之外。"至於用兵過程中的方略，則應當重勢、知權，合於自然，這便是用兵的"道"。《說山》則談人在世上如何返本合道的問題，《說林》則論人在世上如何處理各種關係準則，用的都是譬喻連類的方式。如前者的"蟁無筋骨之強、爪牙之利，上食晞堁，下飲黃泉，用心一也。清之為明，杯水見眸子；濁之為暗，河水不見太山"；後者的"田中之潦，流入於海；附耳之言，聞於千里"，"見象牙乃知其大於牛，見虎尾乃知其大於狸，一節見而百節知也"等等，匯聚了許多人生的格言，所謂"說山""說林"，無非是指它的譬喻和旨意眾多，堆積如山、薈萃如林。

接下來，《人間》談人間禍福、吉凶之事的由來與徵兆，討論避禍趨福、逢吉遠凶的方法。《修務》論社會發展變化之後，聖人應當如何根據發展變化來治理社會，並指出"聖人之從事也，殊體而合於理。"雖然路數不同，但同歸於"利人（民）"。前一篇的關鍵在於一開篇講的"心""術""道"的關係。"心"能使自己贏來榮譽,也能使自己招致誹謗;"術"能成事,也能敗事;只有"道"才能知人知天,內成治身,外成治世。後一篇的關鍵在於開篇所辯明的"以五聖(神農、堯、舜、禹、湯)觀之,則莫得無為明矣。"這說明《淮南子》也超出了先秦道家只注重形上而忽略形下;只追尋終極意義而放棄實用政治;只關心精神自由而漠視現世事務的範圍,試圖打通兩種哲學(人生哲學與政治哲學)的畛域,而建立一個宏大的思想體系與意識形態體系。

在論述了上述自然、社會與人的各方各面之後,《淮南子》又回到了總論上來,第二十篇《泰族》可以說是與第一篇《原道》遙相呼應的尾聲,它可以算是第五類內容。《泰族》一篇裏着重討論的就是這一龐大體系的內在結構,所以,注釋家漢代許慎說:"泰言古今之道、萬物之指,族於一理,明其所謂也,故曰《泰族》。"那麼,這"一理"是甚麼?

天默默無言,化育萬物,叫做"神明";有人默默無為,養育萬民,叫做"聖人"。所以"聖人者懷天心……故精誠感於內,形氣動於天",天地無所不包、無所不為,而聖人"懷天氣,抱天心",也是"變習易俗,民化而遷善"。天地法自然、和陰陽,彷彿無為而無不為,它生萬物,以大生小,以多生少,聖人則"養心""修誠",高高在上,廓然無形,寂然無為,而又使四海之內"無隱士、無軼民、無勞役、無冤刑,四海之內莫不仰上之德,象主之指。"因此,聖人應當上仿天、下仿地、中仿人,立明堂之制,調陰陽之氣,和四時之節,根據人事情況,制禮作樂,行仁義之道。從上述論說可以看出,《泰族》一篇要說的就是人與天相通,自然與社會相通,社會也罷,人類也罷,都應當仿效天,而天則遵循着「道」。其實,這就是《老子》所說的「人法地,地法天,天法道,道法自然。」所以,這一篇裏一再強調:「凡學者能明於天人之分,通於治亂之本,澄心清意以存之,見其終始,可謂知略矣。」如果說開頭一篇《原道》是縱向論述宇宙本原與終極,那麼這最末一篇《泰族》則是橫向論述宇宙間自然、社會、人類、鬼神的相互關係,它用相互感應、彼此仿效的聯繫,把這些本不同類的事物現象組成了一個龐大的結構,建立起了自己的宇宙認識模式。

最後,第二十一篇《要略》是全書的後序,又好像是全書的簡編,它概括而清晰地介紹了全書的篇章和內容,最終宣佈:

> 若劉氏之書(指《淮南子》),觀天地之象,通古今之事,權事而立制,度形而施宜,原道之心,合三王之風,以儲與扈冶,玄眇之中,精搖靡覽,棄其畛挈,斟其淑靜,以統天下,理萬物,應變化,通殊類,非循一跡之路,守一隅之指,拘繫牽連之物,而不與世推移也,故置之尋常而不塞,佈之天下而不窕。

這段話的大意就是說,《淮南子》這部書是通過觀察宇宙天地、古今歷史而撰寫出來的。它既根據時事變化為人世間考慮了具體方略,又根據「道」的最高精神使人世間能返本復初,包容廣大，旨意深奧，摒棄渣滓，取其精華，可以用來一統天下，治理萬物，順應變化，溝通不同類的事物。它絕不是固守一偏之見、單循一己之路而墨守成規、故步自封的僵化理論，故用在具體而微的小事上行得通，用在天下大事上也十分有效。

三、自然、社會與人：三位一體的交感世界

現在，我們來總結一下《淮南子》這個包羅萬象的體系中，究竟有一個甚麼樣的理論或邏輯支架，換句話說，就是看看它建立這麼龐大的結構，究竟靠的是一個怎樣的宇宙觀？

在《道教與中國文化》一書裏，我曾經提出，中國古代的宇宙觀念是一種將自然、社會及人類自身繫連在一起的"同源、同構、互感"觀念，而《淮南子》就是這種觀念的集大成者。

甚麼是"同源"？就是說，自然、社會和人類都建立在一個共同的本原上，這就是"道"。所以，自然的最初狀態是混沌的、虛靜的，社會的最初狀態是樸素的、單純的，人的最初狀態是恬靜的、完整的，這都合乎"道"。經過"道生一""無生有"的過程，宇宙由元氣分陰陽、開天地、生人類而進入了有形世界，距離"道"就越來越遠，自然萬物便有生有衰，社會世道便時治時亂，人類自身也就生生死死。因此無論是自然、社會還是人類，都應當返本復初，回歸到本原"道"的狀態，保持它的寧靜、自然與永恆。《淮南子·原道》中說，作為一個人，應當"恬然無思，澹然無慮，

以天為蓋，以地為輿"，心靈中保持清澈澄明，"人生而靜，天之性也"，人"不以人易天"，也就是不以人的嗜好情慾改變人的樸素本性，這樣才能既與"道"同在，又可"外與物化"，換句話說，就是像"道"一樣既無為又無不為。作為一個社會，則應當虛靜無為，尤其是君主，他是社會的治理者，更應當"處上而民弗重，居前而眾弗害。"就像漁獵一樣，通常漁獵者用箭、用鈎，用盡心機，只能得到一兩條魚、三五隻鳥，可根本無心漁獵的自然以天為網，以地為羅，甚麼心機也不用，甚麼器具都不用，卻沒有一條魚、一隻鳥能逃出它的網羅。所以，聖明的社會就像"張天下以為之籠，因江海以為罟……故矢不如繳，繳不若無形之象。"越用禮法刑律，天下離"道"的狀態越遠，反而越亂，若能依照"道"而無為，天下反而會安定。所以人類和社會都和自然一樣，應當返回本原或起點，這就叫"返本復初"。

甚麼叫"同構"？這只是個杜撰的簡稱，也可以說是同形結構。那麼，甚麼叫"同形結構"？就是從同一本原中衍化出來的自然（天地、星辰、日月、風雨、草木、山川）、社會（男女、父子、君臣、官府、家族）、人類（精神、骨骸、血脈、四肢、五臟）都有着相似的對應構造。前面我們介紹《天文》《墜形》《時則》等篇時曾提到過"道"本無形，但它一旦化育元氣，含生天地萬物，就具有了形質體段。從"道"到"氣"化生的自然、社會、人類，都稟受同樣的造化，所以天地有日夜，社會有治亂，人有生死；天地有四時、四方，社會有初、盛、中、衰，人有四肢；天地有五星、五行，社會也有五德，人也有五臟。一、二、三、四、五，一切都那麼整齊有序，井井有條。這種對應的原則，就是貫穿了自然、社會與人類的陰陽、五行、八卦等等。

最後，甚麼叫"互感"？就是說，互相能感應。由於自然、社會、人類同出一源、遵循一理，具有彼此對應的結構，所以，它們之間就有非常微妙的對應關係，這叫"物類相動，本標相應"。這種對應關係使它們互相感應，比如說"國危亡而天文變，世惑亂而虹蜺現"，這是政治與天象的互相感應；"月虛而魚腦減，月死而蠃蛖膲"，這是天象與生物的互相感應；"暑氣多夭，寒氣多壽，谷氣多痹，丘氣多狂"，這是氣候、地理與人類的互相感應；"食水者善游能寒，食土者無心而慧，食木者多力而奰，食草者善走而愚，食葉者有絲而蛾，食肉者勇敢而悍，食氣者神明而壽，食穀者智慧而夭"，這是食品與物類的互相感應；"日主人""月主馬""斗主犬""音主猿"，這是自然與物事的互相感應。當然，其中最主要的還是天象、政治、人體之間的互相配置和彼此感應。天之中央為斗極，斗極不動而運轉星辰日月；政治之中央為君主，君主無為而治理天下郡國；人體之中央為心靈，心靈靜虛而運動四肢七竅。所以，君主應當"專精厲意，委務積神，上通九天"，人應當"全性保真，不虧其身⋯⋯精通於天"。這天地、社會、人類相感應的基本內在通道，就是陰陽、五行、八卦及其在自然、社會、人體上的各種對應部位與同類現象。這就叫"通於太和而持自然之應"，就好像"慈石引鐵"而不能引瓦一樣。同類之間互相感應，而這個同類的"類"與現代分類學的"類"不同，是貫通自然、社會、人三類的"類"，是否同類，要看它們的陰陽、五行、卦氣是否相同，要看它們的性質、部位、形狀在感覺上是否相近。

《淮南子》的這些理論，彷彿一個無所不容的大口袋，又彷彿一個千絲萬縷的大網絡，在知識尚未充分深入和仔細分類的時代，便急匆匆地把它們統統歸攏起來，用三分經驗、三分想象加上四分天才的思索，建立起了早熟的大體系，它呈現了那個時代思想者們的樂觀主義與理想主義，也呈現了那個時代想一勞永逸解決知識問題的勃勃雄心。

四、垃圾馬車，還是思想體系： 回到歷史中看《淮南子》

通過"同源、同構、互感"這種宇宙觀念，《淮南子》建立了中國古代最龐雜、最宏大的一個宇宙體系，這個體系囊括了道家的宇宙本體論與宇宙起源論，儒家的社會政治論和倫理道德觀，法家的政治操作論與法律思想，名家的名實觀念，兵家的軍事方略乃至陰陽五行方術技藝，構想了一個天體運動、地理劃分、氣象曆法、社會治理、人身保健、道德修養乃至於通神鬼、測幽冥的大網絡。以道家思想為根本，陰陽思想為主幹，儒家、法家思想為枝葉，重新闡述了一種新舊交雜、兼容並蓄的新思想，把先秦以來中國古人對於宇宙間一切現象的觀念進行了重新描述與整合。司馬遷《史記·太史公自序》引述其父司馬談"論六家要旨"時對道家有如下描述：

道家使人精神專一，動合無形，贍足萬物。其為術也，因陰陽之大順，採儒、墨之善，撮名、法之要，與時遷移，應物變化，立俗施事，無所不宜。指約而易操，事少而功多。

我們看《淮南子》，才可以明白這段話的意思。漢代新道家的確在堅持道家基本思想的同時，採用了陰陽家的、儒墨的、名法的各種思想，與時代一道變化，順應物情而權宜行事。

胡適在他的《中國中古思想史長編》中評價說："道家是一個雜家，吸收的成分太多……遂成了一部垃圾馬車；垃圾堆積得太高了，遂把自己的中心思想自然主義的宇宙觀埋沒了。"這話一半兒對，《淮南子》代表的漢代新道家的確"雜"；但另一半兒不對，因為胡適忽略了那個時代的思想世界需要整合、綜合與調和各種知識與思想的趨向，那不是垃圾馬車，它的目的是把人生的終極意義、宇宙的理解方式、社會的意識形態、政治的方法策略、人類的生存模式一股腦兒貫通融會，建立起從形上到形下、從抽象到具體、從目的到手段的思想體系。我們讀《淮南子》，需要回到劉安那個時代，以歷史的眼光回望他的知識世界，而不是以今天的"後見之明"對它居高臨下，這樣才可以知道甚麼是漢代新道家，才可以知道古人是怎樣理解身處其中的這個世界。

【文獻選讀】

1.《淮南子・俶真》

周室衰而王道廢，儒墨乃始列道而議，分徒而訟。於是博學以疑聖，華誣以脅眾，弦歌鼓舞，緣飾《詩》《書》，以買名譽於天下。繁登降之禮，飾紱冕之服，聚眾不足以極其變，積財不足以贍其費。於是萬民乃始慲觟離跂，各欲行其知偽，以求鑿枘於世而錯擇名利。是故百姓曼衍於淫荒之陂，而失其大宗之本。夫世之所以喪性命，其衰漸以然，所由來者久矣。是故聖人之學也，欲以返性於初，而遊心於虛也。達人之學也，欲以通性於遼廓，而覺於寂漠也。

2.《淮南子・精神》

衰世湊學，不知原心反本，直雕琢其性，矯拂其情，以與世交。故目雖欲之，禁之以度；心雖樂之，節之以禮；趨翔周旋，詘節卑拜；肉凝而不食，酒澄而不飲；外束其形，內總其德，鉗陰陽之和，而迫性命之情，故終身為悲人。達至道者則不然，理情性，治心術，養以和，持以適，樂道而忘賤，安德而忘貧。性有不欲，無欲而不得；心有不樂，無樂而不為。無益情者，不以累德；而便性者，不以滑和。故縱體肆意，而度制可以為天下儀。

今夫儒者，不本其所以欲而禁其所欲，不原其所以樂而閉其所樂，是猶決江河之源而障之以手也。夫牧民者，猶畜禽獸也，不塞其圍垣，使有野心，繫絆其足，以禁其動，而欲修生壽終，豈可得手？夫顏回、季路、子夏、冉伯牛，孔子之通學也，然顏淵夭死，季路菹於衛，子夏失明，冉伯牛為厲。此皆迫性拂情，而不得其和也。

【參考書目】

1. 《淮南子》,【漢】高誘、許慎注,《諸子集成》本,中華書局, 1954 。

2. 《淮南鴻烈集解》,劉文典撰,中華書局, 1989 。

3. 《淮南王書》,胡適撰,上海新月書店, 1930;收入《中國中古思想史長編》第五章,《胡適文集》第六冊,北京大學出版社, 1998 。

4. 《淮南子校釋》,張雙棣撰,北京大學出版社, 2013 。

《史記》：偉大的歷史著作

當史學還沒有與文學分家的時候，歷史書有充沛的想象與感情，當歷史書在一個抑鬱憂憤的司馬遷筆下寫出的時候，它拒絕了刻板與平庸，難怪人說它是"無韻之《離騷》"。

　　西方思想家可能瞧不起中國古老的文化傳統，可對中國古代的歷史學卻不能不肅然起敬，像黑格爾就是一例。中國古代歷史學有悠久的歷史，也留下了其他文明國度難以比擬的系統的歷史著作。具體地說，中國有二十四史，有《通鑑》《續通鑑》，有"十通"[1]，還有實錄、起居注等等。這些史書對上起遠古、下到晚清的歷史都有記載，每個王朝的大事有記載，每個重要人物有記載，每種制度也有記載，它們彷彿一張大大的歷史之"網"，把縱橫萬餘里、上下五千年的空間、時間以及在這時空裏的事件、人物都登錄在案，供後人檢索查詢。不過更重要的是，它們又彷彿一份長長的法律文書，把種種人物的行為和種種事件的過程一一記錄在內，讓後人對歷史上的人物與事件進行審判。也許，"歷史"對

1　《十通》是十部政書的總稱。包含 [唐] 杜佑撰《通典》，[宋] 鄭樵撰《通志》，[元] 馬端臨撰《文獻通考》，清高宗敕撰《續通典》《續通志》《續文獻通考》《清朝通典》《清朝通志》《清朝文獻通考》和近代劉錦藻所撰的《清朝續文獻通考》，合稱"十通"。

歷史很長的中國來說，分量格外重，"歷史"並不是一些消逝了的東西，而是至今仍伴隨着人類的影子，後人以歷史為證，用正義與良心拷問過去的人事；又以歷史為鏡，以道德與責任審視現在的人事。文天祥《過零丁洋》中那兩句著名的詩"人生自古誰無死，留取丹心照汗青"，其中"汗青"便指的是史書，"照"這個字裏就包含了中國古人對歷史的理解：歷史像一面鏡子，過去的和現在的美醜妍媸、善惡是非，都在那一"照"之下無處藏匿，現出本相。美的、善的受人尊重，醜的、惡的遭人鄙夷，於是，歷史給了人間以公道和正義。

中國有一句老話說："一部二十四史，不知從何說起。"為甚麼一提到歷史要先說到二十四史呢？因為二十四史是一套最系統、最完整的史書，上起上古，下至明代（清代則另有《清史稿》，如果算上它，又叫"二十五史"，但《清史稿》是未定之"稿"，又頗有遺老遺少的氣味，所以一些學者不太瞧得上它），上下幾千年都有記載。它由人物傳記和文化分類登錄等各種體例合成一個覆蓋面極廣的歷史，所以在人們的心目中，它是中國各式各樣史書中第一重要的著作，更何況它是經過歷代官方認可的歷史著作。那麼，二十四史又"從何說起"呢？當然要從《史記》說起。這不僅因為它記載着中國歷史最開頭的部分，而且因為：第一，它開創了二十四史的體例（即二十四史所使用的紀傳體形式是《史記》奠定下來的）；第二，它是二十四史中最出色的，無論在思想上還是在文筆上，都是後來各種史書無法比擬的偉大的歷史著作。

一、《史記》：兩代人的心血

人們提到《史記》，都會立刻想到司馬遷。這無可非議，因為無論宋版《史記》還是現在最通行的中華書局標點本《史記》，都是這樣寫的——"漢司馬遷撰"。

不過，這裏有一點小小的問題要説明，最早構思《史記》的，是司馬遷的父親司馬談。司馬談是一個信奉道家學説的職業史官，在他看來，他身為"太史令"，無論和神打交道還是和人打交道，都應當有他的"份兒"。因為太史令是"掌天官"，也就是上通天意、下達人情的官兒，還因為他"學天官於唐都，受《易》於楊何，習道論於黃子"，知識非常淵博。所以他一面收集資料，一面等着參加最隆重的封禪，也就是泰山祭天典禮。可是元封元年（前110）漢武帝真的舉行封禪典禮時，卻不讓司馬談參加，於是他"發憤而卒"，臨去世前他拉着司馬遷的手，流着眼淚把修史的大事囑託給了自己的兒子，説了一段很傷感的話。這段話用現代口語表達是這樣的：我死後，你將接任太史令，你千萬不能忘記我想撰述史書的願望。所謂"孝"，從侍奉雙親開始到侍奉君主，最終立身揚名於後世，使父母榮耀，這是最大的孝順。古來能歌頌周文、周武的功德，弘揚周公的光榮，宣傳西周的風氣，使后稷以來的先人傳統彰明傳世的，只有孔子。他編《詩》《書》，撰《春秋》，學者至今奉為經典。可是，孔子去世四百多年了，一直戰亂，無人繼承他的事業。現在大漢興盛，有多少明主、賢君、忠臣、義士出現！我作為太史令，如果歷史在我手中斷缺，那麼我是不甘心的，你一定要牢記，千萬牢記！

那麼，司馬談是不是還沒動筆就憤而去世了呢？不是的。司馬談已經寫了一部分，現在《史記》裏有一部分就是司馬談的手筆，《太史公自序》中明確標明是司馬談寫的"論六家要旨"不算在內，另外至少還有七八處可以看出司馬談寫作的痕跡，如《刺客列傳》《酈生陸賈列傳》《樊酈滕灌列傳》《張釋之馮唐列傳》等等。比如說《酈生陸賈列傳》中附帶述及平原君朱建的事，末尾說：

> 太史公曰：……平原君子與余善，是以得具論之。

平原君朱建是楚漢之際黥布的相，他的兒子當生於漢初，比司馬談年紀還大了不少，不可能與司馬遷友好，只能和司馬談做朋友，所以這裏"具論之"的太史公應該是司馬談。同樣，在《張釋之馮唐列傳》裏述及馮唐事跡時說：

> 武帝立……（馮）唐時年九十餘，不能復為官，乃以唐子馮遂為郎，遂字王孫亦奇士與余善。

武帝即位在建元元年（前140），馮遂至少已五六十歲，當時司馬遷剛剛五歲（一說尚未出生），所以和馮遂友善的"余"只能是司馬談自稱。

這樣的例子還有一些，這裏不再一一列舉，只是可以證明，司馬談實際上已經寫了《史記》的部分篇章，為《史記》奠定了基礎。所以，在總論式的《太史公自序》中才出現了兩句互相矛盾的話：

於是卒述陶唐以來，至於麟止，自黃帝始。

這一句的意思是《史記》從黃帝記載起，到漢武帝獲麟那一年止。所謂“獲麟”指元狩元年（前122）在雍捕獲白麟的事，據說孔子作《春秋》也只寫到魯哀公西狩獲麟（魯哀公十四年，前481）為止，所以，把這件事當作史書下限的標誌，是為了效法孔子，但這時司馬談尚在世。在《太史公自序》末尾又說：

余述歷黃帝以來至太初而訖，百三十篇。

“太初”則指漢武帝太初元年（前104），這時司馬談已死多年。為甚麼會出現兩個不同的下限？顯然前一個是司馬談撰述《史記》時，自己設定的下限，而後一個是司馬遷撰述《史記》時實際的下限，《太史公自序》中不小心仍留下了原來司馬談寫作的痕跡。這可以作為旁證，說明司馬談不僅已寫了部分篇章，而且對於《史記》的撰述是有一個大致的設計的。

當然，《史記》成書的絕大部分功勞仍應歸於司馬遷。當元封元年司馬談去世後，司馬遷果然子承父職當了太史令並繼續撰寫《史記》。可是，就在這時發生了一件很不幸的事情，西漢大將李陵帶兵和匈奴打仗，由於援兵不到，在彈盡糧絕的情況下不得已投降了匈奴，漢武帝大為惱火，就下令逮捕李陵的家屬，司馬遷一時忘了龍顏難犯的禁忌，為李陵說了一番辯解之辭，誰知這下惹惱了漢武帝，就把司馬遷也捉起來關在“蠶室”，並處以腐刑。

腐刑是一種極具侮辱性的刑法。作為一個文人，司馬遷原本很自負，和司馬談一樣，他覺得自己上通天意，下知地理，承繼孔子，代表了神意、民心、正義和良知，卻不知道在君主專制的社會中，強權就是一切，而文化、民意、真理、良心只是擺設和點綴，知識階層同樣也只能是"拾遺""補闕"的小角色，根本不能去干預政治大計，更不能去逆批龍鱗。直到他遭到腐刑，受了這種侮辱，他才明白過來，原來他一直陶醉和自負的太史令職務並不是甚麼重要的角色，在天子眼中不過就是捧哏逗樂的俳優，是無足輕重的人。但是，司馬遷畢竟是個堅強的文人，通常，人遭到這種不堪的侮辱而又不能反抗時，不是垂頭喪氣自甘墮落，就是遠隱山林或決然自殺，但司馬遷覺得，自己肩上擔負着父輩的遺願和歷史的重任，他在給朋友任安的信中説：我因為多嘴而遭到這樣的酷刑，真被人們恥笑，有辱於祖先，我有甚麼臉面去面對父母的墳丘呢？即使百世以後也不能洗刷這種恥辱了，所以愁腸百轉，汗流浹背。但是他又覺得，假使自己就這樣死去或隱去，那只不過是"九牛亡一毛"，可是父輩的期望、歷史的重任就無法實現了。為了寫史揚名，傳之後世，他要"隱忍苟活，函於糞土之中而不辭"，這樣才是"識去就之分"的人，所以，他既不"自引"（自己結束生命），也不"深臧（藏）於岩穴"，而是"網羅天下放失舊聞，略考其行事，綜其終始，稽其成敗興壞之紀"，堅持把《史記》寫完。

　　從《太史公自序》和《報任安書》中，我們知道司馬遷是完成了《史記》一百三十篇的撰述事業的。可是，古代不像現代，有印刷廠印刷，有電腦排版，有複印機複印，有紙張抄寫，古代著書抄書用竹簡、用絹帛、用毛筆，時間一長，有的篇章就會丟失。據東漢班固《漢書·藝文志》和《漢書·司馬遷傳》說，《史記》一百三十篇中有十篇"有錄無書"，這十篇是《孝景本紀》《孝武本紀》《禮書》《樂書》《律書》《漢興以來將相名臣年表》《日者列傳》《龜策列傳》《傅靳蒯成列傳》和《三王世家》。於是，又有一些人來補寫這些篇章，據說，西漢末褚少孫曾補寫了《孝武本紀》《三王世家》《龜策列傳》《日者列傳》，馮商補寫了《孝景本紀》《漢興以來將相名臣年表》，又有人用《荀子·禮論》和《禮記·樂記》補成了《禮書》《樂書》。但這只是一說，還有各式各樣的說法，這裏就不一一細說，有興趣的人可以參看余嘉錫先生的《太史公書亡篇考》，收在《余嘉錫論學雜著》中。總之，司馬遷的《史記》曾有十篇亡闕，但西漢以來有人為它逐漸補寫了，可見《史記》一書不僅凝聚了司馬談、司馬遷兩代人的心血，而且還包含了不少人的辛勞，儘管有人諷刺這些人"狗尾續貂"，挖苦後補篇章"言辭鄙陋"，但他們畢竟使《史記》變得較為完整，不至於使人一讀之下就有闕失之歎。

二、書名與體例

《史記》最初並沒有書名。古人著書不像現代人著書，現代人著書為了出版時醒目，為了表明某種思想，為了顯示作者專利，要起個書名。那時候的人既無稿酬又無著作權，所以對書名不太用心，更何況司馬遷寫《史記》"藏之名山"，出版無望，問世無日。當時，司馬遷自己提到這部書時叫它"太史公書"；後來也有人把它稱作《太史公》(見《法言》《後漢書》)；也有人把它稱作《太史公記》(見《漢書》《論衡》)；也有人把它稱作《太史記》(《風俗通義》)；還有人把它稱作《太史公傳》(見褚少孫補《史記‧龜策列傳》)。《史記》這個名稱始見於東漢末年，本來"史記"二字泛指一切歷史書籍，但自從東漢末年成了司馬遷這部書的專名以後，別人就不好亂用了，於是司馬遷這部書就佔有了"史記"這一名稱。

《史記》以精心設計的五種體例構成全書，這五種體例是本紀、表、書、世家、列傳，下面我們分別來介紹：

(一) 本紀

本紀是按時間順序記述歷代帝王活動的簡史，包括了當時最重要的大事。"本"是根的意思，"紀"就是記的意思，合起來就是記載具有根本意義的大事。古代史家包括司馬遷在內，都是把國家的政治、軍事視為頭等大事的，這些大事又總是和天下的帝王分不開。帝王是天下共主，治亂興衰、征伐禮樂都和他密切相關，要想把天下大事有條不紊地記載下來，只有圍繞着他來做文章，所以，本紀就成了帝王的傳記。有個舊詞叫"綱舉目張"，帝王就是綱，緊緊抓住帝王政治生活這個綱，把帝王每年每月甚至每天的事情記下來，天下大事也就差不多一一在案了，這在古代史家那裏，是一個較為簡捷的辦法。《史記》共有十二篇本紀，上起遠古的《五帝本紀》，下到當代的《孝武本紀》，中有夏、殷、周、秦、始皇、項羽、高祖、呂后、孝文、孝景，一下子就把整個歷史理出了一條線索，勾勒了一個大概的歷史輪廓。

在十二本紀中，有兩篇本紀似乎很引起人們爭議。一是《秦本紀》，有人覺得，既然有了《秦始皇本紀》，何必再立一篇《秦本紀》？因為在秦始皇以前，秦只是一個西方諸侯國，和齊、楚、燕、趙、韓、魏六國地位相等，為甚麼六國用世家體而秦卻用本紀體呢？這是體例乖舛，有違本紀的定義。如果說這是為了凸顯秦始皇的歷史淵源，那麼《周本紀》從周的祖先后稷開始記載，直到周統一天下，這是否也要另立一篇"先周本紀"？這顯然是司馬遷自相矛盾之處。二是《項羽本紀》，從東漢班固起，就有人反對將項羽列入本紀，因為項羽不能算建立一個王朝的帝王。這當然是從正統歷史觀的眼光來看待項羽的偏見，但現代很多人又反過來稱讚司馬遷把項羽列為本紀，覺得他同情失敗的英雄，有獨特的歷史眼光，這又是無端拔高司馬遷思想水平的誤論。其實，如果說《秦本紀》的確可以說有些自亂體例的話，那麼，司馬遷立《項羽本紀》則完全是遵照他的體例原則，並不是他特別看重項羽，而是因為項羽在秦漢交替之際，的確是"天下共主"。《太史公自序》裏說："秦失其道，豪桀並擾；項梁業之，子羽接之；殺慶救趙，諸侯立之……"這是一段歷史的事實，所以司馬遷要把項羽立為本紀，以他為綱來統攝那一時期的歷史事件。

（二）表

表是運用表格的形式比較清晰地羅列歷史事件與現象的一種

體裁。它有縱有橫，一方面依時間次序，一代一代、一年一年或一月一月陳列歷史事實的發生變化；另一方面則按地域劃分，齊、楚、秦、趙、韓、魏、燕，一國一國、一王一王或一侯一侯地排列開來，這樣就比較清楚，一目了然。《史記》一共有十表，分別記載三代（夏、商、西周）、十二諸侯（春秋）、六國（戰國）、秦楚之際、漢興以來諸侯王、高祖功臣侯者、惠景間侯者、建元以來侯者、建元以來王子侯者、漢興以來將相名臣的歷史。

(三) 書

　　書是對經濟、文化等方面專門問題進行分類記載與論述的體裁，半是歷史描述，半是解釋闡發。《史記》有八書，分別論述禮、樂、律、曆、天官、封禪、河渠、平準。應當注意，這八篇之間有一個隱含的內在理路。首先，《禮書》《樂書》討論的是禮儀制度、禮制思想、音樂的社會意義等等，這是屬於治“人”的部分。從人間問題引發開來，自然是要聯繫到“天”，所以，從音樂之律出發，《律書》就討論宇宙之律。由律再探討下去，就涉及了天和律的形式化 —— 曆，於是《曆書》又記敍和研究了曆法。討論曆法不能不研究天文，於是《天官書》又總結了當時天文觀測與描述的成就。古人認為，天與人之間是有神秘關係的，人世之事應當自覺地與天上之事彼此對應，因而接下去又有《封禪書》，記載祭天典禮及其他通天之事。從天又回到地，於是，《河渠書》又討論農業社會經濟生產中最重要的水利建設，如治河、開渠等等。最後，又不得不考慮到生產發展之後的交換問題，所以在《平準書》裏司馬遷又討論了價格、市場、交換、流通。所謂"平準"，就是調節各地市場的價格使之趨於合理和平穩。《史記》說："農工商交易之路通，而龜貝金錢刀布之幣興焉，所從來久遠。"這種肯定商業活動必要性的思想，與古代傳統的抑商思想不同，很受後來研究者的稱讚。

八書在史書體例上是一個創舉，由於司馬遷作八書，中國古代史學形成了一種歷史書寫的傳統，把視野從狹隘的政治擴展到了經濟、文化與科學。後來，紀傳體史書中不少都採用了"書"的體裁（大多改稱"志"），這種體裁甚至還逐漸擴大，獨立成書，從而開創了另一種專記經濟、文化、制度與科學技術的史書形式，這就是以《通典》《通志》《文獻通考》為代表的典志類著作。

(四) 世家

世家是記載一代傳一代不斷延續的顯貴家族歷史的體裁，也是記載重要歷史人物身世的體裁。本來，古人對於"世家"的觀念很嚴格，王侯世代相襲才算世家，司馬遷當然也有這種來自貴族的等級觀念。在《史記》裏，本紀等級最高，只有帝王或相當於帝王的家族才能入本紀；世家其次，記王公侯一等人的家世。不過，畢竟司馬遷有自己的獨特見解，所以放寬了限制，把一些他認為重要的歷史人物也列入世家。如孔子，為了表彰其文化意義，司馬遷把他列入世家。又像陳涉，為了凸顯他反秦的首義之功，司馬遷也把他列入世家。《史記》一共有三十世家，有的是記一個諸侯或幾個諸侯家族的歷史，如《吳太伯世家》《燕召公世家》《晉世家》《楚世家》等，就分別相當於吳、燕、晉、楚各國簡史；也有的是記一個功勛顯著被封侯拜相的人物及其後裔，如《曹相國世家》《留侯世家》《絳侯周勃世家》等等，主幹部分則相當於一篇傳記；還有的是記一個重要歷史人物，如《陳涉世家》《孔子世家》，基本上就只是傳記了。

(五) 列傳

列傳不必多解釋，就是人物傳記，《史記》共七十篇列傳。不過應當注意，這些列傳也各有不同，有的是一個人單獨立傳，如記韓信的《淮陰侯列傳》；有的是幾個人合傳，如記管子、晏子的《管晏列傳》和記老子、莊子、申不害、韓非子的《老子韓非列傳》；有的是一類人立一個傳，如記循吏的《循吏列傳》、記儒生的《儒林列傳》、記遊俠的《遊俠列傳》、記筮占者的《龜策列傳》；還有的則很特殊，它不是記人而是記地，有點像小型的外國地理歷史書，如記西域各國的《大宛列傳》。

以上本紀、表、書、世家、列傳五種體裁合在一起，就構成了《史記》全書。而用這五種體裁合起來記載歷史的形式，就是所謂的"紀傳體"。它既比較清晰地記載了歷史的時間順序，又比較全面地記載了歷史的橫剖面如政治、軍事、經濟、文化各個方面，而且凸顯了歷史中的人。

特別是它還採用了"互見法"，就是一個人、一件事，分別在不同的傳記中出現，這些片斷與故事互相輝映與補充，疊合成一個立體的圖像，克服了以時間為線索的編年體史書可能出現的"清晰的缺失”，儘管不同片斷中“閃回”的側面可能有片面與切割，但合起來卻成為立體與多棱的圖景，因而是一種中國特有的、非常合理的歷史著作體例。中國後來官方修史，就沿用了這一體例（但大多無表和世家兩種），而這一體例正是司馬遷的創造。

三、“通古今之變”與“究天人之際”

毫無疑問，《史記》是一部偉大的歷史著作。第一個把它翻譯成西方語言的法國學者沙畹（Edouard Chavannes，1865－1918）曾強調，《史記》第一是歷史著作，第二是中國人的歷史著作，第三是兩千多年前的偉大著作。一般來講，後人總結與評論它，都不外乎稱道它的三大特色：一是開創了紀傳體的著述體例，二是寫了一部上起遠古、下迄當代的通史，三是有強烈的愛憎與生動的文采。這三大特色的確是《史記》的偉大之處。這裏重點講一講第三個特色，即《史記》中的強烈愛憎與生動文采，再接着談一談歷史著作與文學作品之間的關係，因為這涉及歷史學上一個重大的問題，即甚麼是“歷史的真實”？

《史記》的文采是後世一致稱讚的，所以它的一些篇章不斷地被選作文章範本，很少評價歷史著作的文學史在談到漢代文學時也要為它設一個專門章節，膾炙人口的“鴻門宴”“垓下之戰”“田蚡灌嬰之爭”“韓信胯下之辱”等都出自《史記》。有的篇章確實十分精彩傳神，如《李將軍列傳》中有一段記李廣出外打獵：

見草中石，以為虎而射之，中石，沒鏃，視之，石也，因復更射之，終不能復入石矣。

"中石，沒鏃，視之，石也"八字節奏緊促，簡捷明快，很能烘托見虎射石的緊張心情，而後面"因復更射之"以下，頓時舒緩下來，彷彿射虎的李廣緊張之後的鬆弛，所以"終不能復入石矣"。很多後來的散文家都對這一段交口稱讚，連洋人在翻譯時，因為不能精妙傳譯，也不得不大為歎服。問題是，歷史學家是不是能夠把這種文采渲染引入歷史著作？當歷史著作較多地運用了文學筆法時會不會影響它的真實性？我們知道，司馬遷寫《史記》，雖然採用了很多可靠的史料（像殷商王朝的世系，在甲骨卜辭出土後，人們驚歎沒有見過卜辭的司馬遷記述竟如此準確，至今仍不清楚他從何得到這樣準確的資料；又像淮陰侯韓信一生史實如此細緻，人們從"太史公曰"中知道這來自他在淮陰的實地考察；而曹參、樊噲的業績如此精確，人們從《史記》中知道這來自記載功勞的檔案），但是，我們也知道，司馬遷寫《史記》時為了文采動人或表現愛憎，也採用了一些不可靠的想象之辭或傳聞之語，像藺相如之怒髮衝冠、項羽之垓下別姬、刺客因不忍刺趙襄子而自殺等等，都引起了後人的批評。特別是蘇秦一傳，據20世紀70年代出土的長沙馬王堆帛書《戰國縱橫家書》，證明《史記》所記把蘇秦整整提早了一代，結果與張儀碰上了頭，於是兩大縱橫家就同台演出了一場戰國時代的外交智鬥戲，雖然精彩，卻不真實。那麼，歷史的真實和著作的文采能不能融為一體？換句話說，歷史著作能不能又真實又動人？

也許有人覺得這很好辦，又真實又動人不就行了嗎？其實沒有那麼容易，歷史是消失了的事件、人物，今天記昨天的事情還有遺忘和錯記的可能，更何況記述百年、千年之上的事情。古代沒有錄像機、錄音機，只有死板板的檔案、冷冰冰的遺跡，當一個歷史學家寫史的時候，他面對的是這些片斷的、毫無表情的史料。如何處理史料，就有一個絕對忠實"複製"和通過解釋"重鑄"歷史的兩難選擇。

　　傳統的一種史學觀念認為，首先要忠實於歷史，"信史"要讓人信，就要絕對可靠。中國乾嘉考據學和西方實證歷史學都這樣抱定"真實"宗旨，所以有人主張歷史學家"去情"，就是像鐵面無私的、絕不通融的執法官，或者像一台只供操作不做價值判斷的電腦。可是這樣一來，歷史就成了斷簡殘編的"記賬簿冊"，且不說它根本承擔不了"人類的良心與正義"的重任，就連"真實"本身也大成問題。因為檔案也罷，遺跡也罷，它都只是歷史的片斷，檔案本身就經過檔案建立者的篩選，不可能每事必記、每事必存，在選擇之中早已有了主觀介入，遺跡的存否本身就是偶然現象，它不可能給人們全面保留歷史的連續過程，沒有歷史學家的參與，就連歷史都恢復不了，更不要說歷史的真實了。

　　傳統的另一種史學觀念有鑒於此，就提出了另一種說法，歷史首先應當為現實服務。中國古代就有所謂"懲惡揚善"之說，要求對古代歷史中各種人物與現象進行褒貶，而褒貶的標準是正統的倫理道德觀念。西方現代也有"一切歷史是當代史"的理論，記錄古代史實際是為了當代人，而當代人有權按照自己的眼光重構歷史。可是，這樣一來"真實"又成了問題。如果褒貶的道德標準成了至高無上的史學原則，那麼歷史的真實有可能就被出賣。比如說一個君主、一個父輩、一個好人出了醜聞，你要真實還是要褒貶？要真實，則歷史上君子、小人無從分辨，起不了"懲惡揚善"的表率或借鑒作用；要褒貶，則歷史的真實又得退居次位。據說父親偷了東西，兒子是不該告發的，孔子說是"子為父隱"，擴而大之則是"為尊者諱"，古代中國最了不起的史學理論家劉知幾在《史通》裏還說這樣"直在其中"，那麼，怎麼可能有"絕對真實"？如果當代人的意識是重寫歷史的首要條件，那麼歷史就未必是古代真實的記錄，因為歷史學家可以根據自己的判斷來選擇歷史資料、剪接歷史畫面、解釋歷史意義，歷史就真的成了任人打扮的小姑娘了。特別是，如果這個歷史學家出於實用的目的來寫歷史，用歷史為現實政治服務，那麼，他可能會根本不顧及歷史的整體性、複雜性，東拼西湊，截長續短，搞成庸俗史學甚至影射史學，這又怎能達到歷史學公正與正義的目的？更不消說達到歷史的真實了。

　　顯然，"絕對真實"的歷史是不可能的，"不顧真實"的歷史學是不能有的。歷史 (history) 是書架上的一排排書籍，是遺址裏的一件件文物，是口耳相傳的一個個故事，一個圖書館、一張軟磁碟就可能把它裝進去，但永遠無法還其本來面目。歷史在時間中存在，歷史人物、事件，他們的思想、感情、心理隨着時間的流逝而消失得乾乾淨淨，連歷史自身也在時間的流逝中只剩下斷片殘章，一切都簡化為或改造成了一行行呆板的文字。所以，當人們試圖"複製"歷史時，只能複製歷史的骨骼而不能複製歷史的靈魂，所謂"真實"也只能説是盡可能地複製歷史的大體輪廓，而不是歷史的每個細節。對於一個歷史學家來説，他的任務當然首先是盡可能真實地重建歷史，但是他也應當明白，歷史真實只存在於過去，他只能對它進行盡可能真實地描述和構想，再通過這種描述與構想追尋歷史的靈魂。只要他不存任何急功近利的實用之心，不守任何時過境遷的政治標準，而只是以一種探求人類精神的目的去觀照歷史資料，他就能夠寫出生動的（因為他在尋求歷史精神的過程中投入了自己的感情）、真實的（因為他沒有必要為某種實用的或道德的理由來歪曲歷史）"歷史"。我想，司馬遷《史記》的最大成功就在於他盡可能地按歷史資料重建了歷史，卻又不宣稱這是"歷史"本身，而是把自己對歷史的理解滲透到其中，顯示了他的心目中的歷史。這關鍵在於他有一個超越於實用政治與道德的歷史學觀念——"通古今之變"與"究天人之際"。用現代白話來説，就是弄清古代到現代的變化軌跡，並從中考察宇宙與人類的微妙關係。正因為如此，他能夠一方面追求真實，一方面懷着感情寫出文采。

當然，司馬遷有時也會違背或忘掉這個原則，他心裏那種難以抑制的憤懣之氣常常使他筆下帶了太多的感情，感情又使他不自覺地超越歷史真實而進入想象；他理念中的正統與異端思想又常常使他面對歷史人物時帶了太多的愛憎，這愛憎就使他難以公平地描述每一個歷史對象。我特別要強調的是，所謂"文學"與"歷史"的學科畛域，是後來才漸漸劃分開來的，文學承擔了情感抒發和語言審美，而歷史去復現過去和提供借鑒。自從這種功能分化之後，似乎兩者"井水不犯河水"似的分道揚鑣了。但是，在《史記》那個時代，歷史與文學的界限還沒有形成，"無韻之《離騷》"是對它的讚揚，但也可以視作對它的批評，畢竟歷史著作不是詩，太多的尤其是出自個人的，局限於時代、集團、階級的感情並不宜進入史著。可以進入的，只有超越個人、時代的"通古今之變"和"究天人之際"，因為這種感情只是驅使史學家追尋歷史的精神和真理。但是，我們不能苛求司馬遷及其《史記》，當我們隨着他一道，回到他那個時代去看當時的知識世界，才會知道，在他那個時代，歷史和文學之間還沒有一道明確的界線來標誌各自的領地。

【文獻選讀】

1.《史記・太史公自序》(一)

太史公(按：此處指司馬談)學天官於唐都，受易於楊何，習道論於黃子。太史公仕於建元、元封之間，愍學者之不達其意而師悖，乃論六家之要指曰：

易大傳："天下一致而百慮，同歸而殊途。"夫陰陽、儒、墨、名、法、道德，此務為治者也，直所從言之異路，有省不省耳。嘗竊觀陰陽之術，大祥而眾忌諱，使人拘而多所畏；然其序四時之大順，不可失也。儒者博而寡要，勞而少功，是以其事難盡從，然其序君臣父子之禮，列夫婦長幼之別，不可易也。墨者儉而難遵，是以其事不可遍循，然其強本節用，不可廢也。法家嚴而少恩，然其正君臣上下之分，不可改矣。名家使人儉而善失真，然其正名實，不可不察也。道家使人精神專一，動合無形，瞻足萬物。其為術也，因陰陽之大順，采儒墨之善，撮名法之要，與時遷移，應物變化，立俗施事，無所不宜，指約而易操，事少而功多。儒者則不然。以為人主天下之儀表也，主倡而臣和，主先而臣隨，如此則主勞而臣逸。至於大道之要，去健羨，絀聰明，釋此而任術。夫神大用則竭，形大勞則敝。形神騷動，欲與天地長久，非所聞也。

2.《史記・太史公自序》(二)

維我漢繼五帝末流，接三代絕業。周道廢，秦撥去古文，焚滅詩書，故明堂石室金匱玉版圖籍散亂。於是漢興，蕭何次律令，韓信申軍法，張蒼為章程，叔孫通定禮儀，則文學彬彬稍進，詩書往往間出矣。自曹參薦蓋公言黃老，而賈生、晁錯明申、商，公孫弘以儒顯，百年之間，天下遺文古事靡不畢集太史公。

太史公仍父子相續纂其職。曰："於戲！余維先人嘗掌斯事，顯於唐虞，至於周，復典之，故司馬氏世主天官。至於余乎，欽念哉！欽念哉！"罔羅天下放失舊聞，王跡所興，原始察終，見盛觀衰，論考之行事，略推三代，錄秦漢，上記軒轅，下至於茲，著十二本紀；既科條之矣。並時異世，年差不明，作十表；禮樂損益，律曆改易，兵權山川鬼神，天人之際，承敝通變，作八書；二十八宿環北辰，三十輻共一轂，運行無窮，輔拂股肱之臣配焉，忠信行道，以奉主上，作三十世家；扶義俶儻，不令己失時，立功名於天下，作七十列傳。凡百三十篇，五十二萬六千五百字，為太史公書。

3.《史記・儒林列傳》

自孔子卒後，七十子之徒散遊諸侯，大者為師傅卿相，小者友教士大夫，或隱而不見。故子路居衛，子張居陳，澹台子羽居楚，子夏居西河，子貢終於齊。如田子方、段干木、吳起、禽滑釐之屬，皆受業於子夏之倫，為王者師。是時獨魏文侯好學。後陵遲以至於始皇，天下並爭於戰國，儒術既絀焉，然齊魯之間，學者獨不廢也。於威、宣之際，孟子、荀卿之列，咸遵夫子之業而潤色之，以學顯於當世。及至秦之季世，焚詩書，坑術士，六藝從此缺焉。陳涉之王也，而魯諸儒持孔氏之禮器往歸陳王。於是孔甲為陳涉博士，卒與涉俱死。陳涉起匹夫，驅瓦合適戍，旬月以王楚，不滿半歲竟滅亡，其事至微淺，然而縉紳先生之徒負孔子禮器往委質為臣者，何也？以秦焚其業，積怨而發憤於陳王也。

及高皇帝誅項籍，舉兵圍魯，魯中諸儒尚講誦習禮樂，弦歌之音不絕，豈非聖人之遺化，好禮樂之國哉？故孔子在陳，曰“歸與歸與！吾黨之小子狂簡，斐然成章，不知所以裁之”。夫齊魯之間於文學，自古以來，其天性也。故漢興，然後諸儒始得修其經藝，講習大射鄉飲之禮。叔孫通作漢禮儀，因為太常，諸生弟子共定者，咸為選首，於是喟然歎興於學。然尚有干戈，平定四海，亦未暇遑庠序之事也。孝惠、呂后時，公卿皆武力有功之臣。孝文時頗徵用，然孝文帝本好刑名之言。及至孝景，不任儒者，而竇太后又好黃老之術，故諸博士具官待問，未有進者。

及今上即位，趙綰、王臧之屬明儒學，而上亦鄉之，於是招方正賢良文學之士。自是之後，言詩於魯則申培公，於齊則轅固生，於燕則韓太傅。言尚書，自濟南伏生。言禮，自魯高堂生。言易，自菑川田生。言春秋，於齊魯自胡毋生，於趙自董仲舒。及竇太后崩，武安侯田蚡為丞相，絀黃老、刑名百家之言，延文學儒者數百人，而公孫弘以春秋白衣為天子三公，封以平津侯。天下之學士靡然鄉風矣。

【參考書目】

1. 《史記》,【漢】司馬遷撰,【劉宋】裴駰集解,【唐】司馬貞索隱,【唐】張守節正義,中華書局,1959。

2. 《史記會注考證》,【日本】瀧川資言撰,上海古籍出版社,1986。

3. 《史記選》,王伯祥選注,人民文學出版社,1957、1995。

4. 《司馬遷》,季鎮淮撰,北京出版社,2002。

5. 《抑鬱與超越:司馬遷與漢武帝時代》,逯耀東撰,生活·讀書·新知三聯書店,2008。

《說文解字》：認識漢字之門

認識漢字不太難，難的倒是知道每個漢字的來龍去脈；懂漢字的形、音、義比較容易，但穿過漢字洞察造字時代的文化卻不容易。好在有《說文解字》，它是通向古文字，也是通向古文化的一扇門。

這裏我們要介紹一部字典，它是東漢人許慎所編的《說文解字》(以下簡稱《說文》)，這是中國最早的一部有系統的字典。

也許有人會說，字典有甚麼可談的，這不就是人人會查，碰上認不得的字就翻翻的字書嗎？現在這類書有的是，甚麼《漢語大字典》《中華大字典》《新華字典》，誰家都有一本兩本，何必要那麼一本正經地介紹它？可是，有三個理由使我們不能不重視它的意義：

第一，在世界所有語言文字中，大概只有中國還使用着直接從象形文字發展出來的符號系統，其他如古埃及文字等早已消亡。且不說英文、法文、德文、俄文，就是亞洲的日文、韓文也逐漸成了拼音文字。要知道拼音文字已經和它所表示的事物現象相去甚遠，"詞"與"物"之間的關係幾乎無法解釋。所以有的學者認為，語言文字只是一種"約定俗成的、任意的符號"，因此無法探究早期人類語言文字和思維方式的關係。可是漢字卻不一樣。比如說 sun，為甚麼用這三個字母來表示太陽，這似乎沒法解釋，但漢字"日"，古文作 ⊙，一看就知道是太陽的象形；又比如說 right，為甚麼用這五個字母來表示右側，也似乎沒法解釋，但漢字"右"，甲骨文作 ⿰，一看就知道是右手的象形。這樣，漢字就為我們了解古代人的思維方式提供了大量豐富的資料，也為我們了解自己的語言特徵開出了一條堅實的路徑。而許慎的《說文》則是了解漢字的最重要的大門，大門一側是漢字的古代形態，大門另一側是漢字的現代形態，打開了這道大門，我們就可以從古到今，順利地弄清漢民族的語言與思維特徵。

第二，如果說《說文》僅僅是一部字典，倒也罷了，但實際上《說文》不僅是字典，而且是漢代經學的產物。漢代經學是中國思想史上極重要的一環，對中國思想世界影響甚大。經學的一個核心問題就是如何解釋古代經典，而解釋經典又需要靠語言文字之學。中國人一貫認為"文字者，通經之本，王政之始"，而中國人又歷來習慣於"依經立義"。於是，《說文》就是理解漢代經學乃至政治、思想、文化的一把鑰匙。事實上許慎的《說文》就是為了經學而編的，它與經典解釋有很深的關係，因而這部字典又涉及了中國思想史的重大問題。

第三，字典常常是人人皆有而人人都忘的東西，就好比普通的阿司匹林一樣容易被忽略在抽屜角落，直到感冒來臨才東翻西找。其實，這種看似普通的東西可能是用得最多的東西，倒是那些珍貴的治癌新藥反倒百年難用一回，儘管它們價值不菲，來之不易。字典其實是一種可以常備也可以常讀的書，記得董橋《這一代的事》裏曾經對各類書做過一番很有趣的比喻，說詩詞、小說是"迷死人的豔遇，事後回憶總是甜蜜"；學術著作是"半老女人"；政治評論、隨筆、雜文如"青樓女子，親熱一下也就完了"；只有字典是"妻子，常在身邊為宜"，因為翻一輩子也未必可以爛熟。的確，有不少學者和作家是愛讀字典的，因為字典會告訴你很多不了解或沒時間了解的知識，讀《説文》也是一樣，更何況它還是通向古文字學、上古文化史的第一道大門。

一、內容與體例

《説文》部頭並不大，頁數也不多，中華書局曾經出版過縮小版的影印本，也只有三百多頁，相當於一本二十萬字左右的鉛印書。而且《説文》收錄的字數也不多，比起《中華大字典》《漢語大字典》來，可以説是小巫見大巫，總共也只有一萬字上下，只是上述大字典的幾分之一。但是，其重要性卻遠遠在各種字典之上。

《説文》收錄 9353 個"字"，加上"重文"又有 1163 個，這些字按部首分成了五百四十部，每個字首先列出小篆（或"古文"）字形，然後進行解釋。

把字按部首分類，這是許慎《説文》的一大創造。所謂"部首"，就是每一類字有一個可以統轄它們的首領字，這個字常常是這一類字的意符（偶爾體例不純也有音符）。這個意符用現代通行的話來説，就是表示意義的偏旁，從文字結構上來説，又通常是這一類字共有的一個表形符號，比如喤、咷、噤、听等字的部首就是"口"，府、廳、庠、廬等字的部首就是"广"。之所以用它們來當部首，可能有三個原因：一是考慮到同一部首下所收的字，由於共同以這個部首為基礎，所以，彼此間有意義上的聯繫。像上面屬於口部的幾個字，喤是"小聲"，咷是楚語"兒哭不止"，噤是"口閉"，听（注意，唸 yǐn，不是"聽"的簡體）是"笑貌"，都與"口"有關。二是許慎心中有一種文字衍生的觀念，在他心目中，作為部首的字不僅是決定這一類字意義類別的"統帥""首腦"，還是這一類字的"祖先"，換句話說，也就是這一類字都是從它那裏孳生發展出來的。"文者物象之本，字者言孳乳而寖多也"，《說文解字》的"文"就是指這些字根式的最基本、最古老的字，《說文解字》的"字"則是指在"文"的基礎上衍生的字。"字"的本義就是生育、衍生的意思，所以從宀（房屋）、從子（小孩）。這個想法是有一定道理的，文字總是從簡單到複雜發展變化的，現代學者在研究了甲骨文、金文後也發現，文字有一種樹狀的衍生過程，像大（大）、欠（𣢧）、既（𣢌）、見（見）、兄（兄）、飲（𮪍）、臥（臥）等等，都與人（人）有一定淵源關係。近人章太炎作《文始》，就認為漢字本有"初文"，而章氏所說的"初文"，大多數就是許慎的部首。三是許慎認為，這些部首和宇宙天地間事物的門類是一致的，部首將文字分為五百四十類，天下事物亦是五百四十類，文字在部首下有條不紊，正如天下的事物各歸其類地有條不紊。所以他在《敍》中說："其建首也，立一為耑（端），方以類聚，物以群分，同條牽屬，共理相貫，雜而不越，據形繫聯。"可見在他心目中，文字（名）

的分類和宇宙（物）的邏輯應該是一致的。《説文》建部首，理文字，也就是在思維世界中建立一整套處理一切現象的框架。

在每個字的開端登錄的篆體字形，對於現在的人也是很重要的，這絕不是指書法家要用它照貓畫虎，或篆刻家要用它鏤諸金石，而是指它能給後人指示一條通往更古老的文字的途徑。《説文》不僅保存了秦漢之間通用的篆體（包括大小篆），還收集了逐漸消失的“古文”（六國文字）和逐漸滋生的“或體”“俗體”（漢代民間流行文字），為我們展示了戰國到漢代豐富的文字資料，而這一時期又恰是漢字形態變化最大的時代。我們讀《説文》，就可以通過它追溯與破解更早的甲骨文及金文。如果沒有它作為中介，也許我們將無法解讀那些與現代漢字差異極大的古文字，關於這一點，下面我們還要詳細談。

當然，對於現代人最為重要的是《説文》對每個字的解釋和分析。《説文》中記錄了大量詞彙的古義和古音，如“自”的古義是“鼻也”，“听”的古義是“笑貌”，“才”的古義是“草木之初”，“偰”的古音“讀若屑”，“偁”的古音“讀若撫”，“厥”的古音“讀若欷”，都對今人十分有用。但是，《説文》解釋和分析的最大意義還不在這裏，而是在於它肯定了漢字結構分析的“六書説”對於文字分析的作用，並在《説文》中運用它對每個漢字的字形進行了卓有成效的解析，從而使人們了解了每個漢字的字形結構及字義來源。所謂“六書説”，是指漢字的六種構字法：一是象形，就是用簡化的形式畫出它所表示的事物，如：犬作 、人作 等（許慎舉例日、月）；二是指事，就是用一個抽象的符號在所表示的事物上標誌出它的所指，如"本"字就是在木下加一橫表示樹根（許慎舉例上、下）；三是會意，就是用兩個或兩個以上的字合在一起表示某種涵義的字，如：牢是用"宀"（甲骨文作𠆢，就是牛圈、羊圈的圈）和"牛"合起來表示關牛羊的地方（許慎舉例武、信）；四是形聲，就是用一個表示意義的形旁和一個表示聲音的聲旁合成的字，如：偉是"從人，韋聲"，趣是"從走，取聲"（許慎舉例江、河）；五是轉注，關於轉注，古今說法不一，可能是指可以與形旁互訓的字，也可能是同一部首內引申變化出來的字，也可能是指形體變化但意義相同的孳生字（許慎舉例考、老）；六是假借，就是本來沒有表示這個意義的一個字，便用一個同音字來充當這個字，如來去的"來"，是用本義為麥的"來"字充當，其中的"其"，是用本義為簸箕的"其"字充當（許慎舉例令、長）。這六種構字法雖然還不精確（如轉注的內涵不明，假借不是構字而是用字），但已經大體總結了漢字結構的基本特徵與種類。許慎在《説文》中就運用了這些構字法，對每一個漢字進行了分析，解釋了字義的由來。例如"束"字："束，縛也，從口、木。"其中"口"不是表示嘴巴的口，而是韋聲表示纏繞的字，段玉裁說是"回也"。這樣我們就知道了"束"是一個會意字，本義是捆一把木枝，所以引申成後來表示捆（動詞）、綑（量詞）的意思。又例如"漆"字："桼，木汁可以髤物。從木，象形，桼如水滴而下也。"於是我們知道"漆"的本字就是"桼"，水旁是後加的，"桼"字是會意字。

《説文》用部首分類，用篆、籀、古文表字，用"六書說"為基礎的字形分析來解釋，這構成了《説文》嚴密整齊的體例，也奠定了中國字典的基本框架。後來，幾乎所有的漢字字典都是在它的基礎上發展變化的。所以，可以説《説文》奠定了中國漢字文字學、字典學的基礎，也是漢文字從自在狀態向自覺狀態演化中的關節點。從《説文》起，中國人開始對自己使用的漢字有了明確的、理論的認識。

二、怎樣讀《説文》

前面説，這部《説文》可以讀一讀，但不了解《説文》的人可能會覺得沒法讀，所以這裏又説一説怎樣讀《説文》。

讀《説文》，首先要懂《説文》解釋字的體例。古人解釋字有三種主要方法：一是“形訓”，是根據字形來解釋。比如《左傳》宣公十二年：“楚子曰：‘……夫文，止戈為武’。”就是説從字形上來看，止、戈兩個形旁合起來是個會意字，表示“武”字的意思是制止干戈。當然這一解釋不太對，但它是根據字形來解釋的，這個路子是對的。後來，許慎就較多採用了這個方法。二是“義訓”，是直接陳述字義。《爾雅》中對於很多字就是這麼解釋的，如“泳，游也”，“強，暴也”，“逆，迎也”等等。這個方法簡潔明了，但缺點是沒有講出所以然來。許慎有時也採用這個辦法，像一部的“元，始也”，上部的“上，高也”等。三是“聲訓”，是用同音或近音字來解釋。這一方法比較特別，但也有一定的道理。這是因為漢字不僅有“形”，也有“音”。從形象發展起來的表義符號即前面講的"象形"，多個象形拼合的"會意"。但還有從同一聲韻的文字中衍生出來的"同源字"，清代學者就很重視"由聲求義"，現代學者王力先生也很提倡從這些同源的、音近的"文"中尋找意義相近的"字"。因為漢字在語音相同、相近時常有某種共同意義，就好像出自同一個詞根，因此這種方法有時也能直接摸索到某些字的意義。所以，許慎有時也採用這一方法，比如《說文》中也有"八，別也"，"戶，護也"，"尾，微也"。但使用這個方法要十分小心，弄不好就成了牽強附會。

《說文》用得最多的，是第一種"據形以解義"的"形訓"方法，許慎根據"六書說"的理論，幾乎對每一個字都做了字形的結構解說，而他對字義的解釋，也大多依據這種分析。其中，最常見的是"從某某"；"從某從某"（會意字）；"從某某聲"（形聲字）和"從某，某，某亦聲"（會意字兼形聲字），因為這些字佔了漢字的絕大多數。例子如竹字："𥫗，冬生草也。象形，下垂者箁箬也。"由此可知"竹"是個象形字，許慎還告訴讀者，"竹"和"草"的不同，就在於它的筍皮與竹箬是下垂的，所以它是象形字。又如皿字："皿，飯食所用器也。象形，與豆同意，……讀若猛。"就是說"皿"字是個象形字，和"豆"的意思差不多，都是模仿一種食器的外形來表示某種飯食器皿。

象形字往往是最古老的"初文"，在漢字中佔的比例不太大，更多的是會意字，尤其是形聲字。例如會意字："旦，明也。從日見一上。一，地也。""舀，抒臼也。從爪、臼。《詩》曰：'或簸或舀。'"就是說，"旦"字是太陽和大地（日、一）的會意，表示天明；"舀"是手和臼（爪、臼）的會意，表示從臼中取穀物。又例如形聲字："**桶**，木方，受六升。從木甬聲。""**遁**，遷也，一曰逃也。從辵盾聲。"就是說，"桶"字的意義和"木"有關，指可以容納六升的方形木器（段玉裁認為應該是六斗），但聲音卻與"甬"有關，讀作"他奉切"；"遁"字的意義和"辵"有關，一說是遷徙，一說是逃跑，但聲音卻是"盾"字決定的，讀作"徒困切"。

比較複雜的，有兩種字，一是會意兼形聲字，如："**珥**，瑱也。從玉、耳，耳亦聲。"就是說"珥"字是從玉、從耳，表示用來作耳飾的玉器，但"耳"字又同時表示它的字音。同樣，"**琀**，送死口中玉也。從玉從含，含亦聲。"也是說"琀"字從玉、從含，因為它指死人下葬時口中含的那塊玉，而它的字音就是"含"。二是省聲字，就是表示字音的那個字沒有寫全，只寫了一部分來象徵，例如："**矤**，況詞也。從矢，引省聲。"說明"矤"是一個虛詞，就是表示何況、況且的"矤"字，表示聲音的本應是"引"，但它只用了"弓"這一半，所以叫"省"。又如島字，是"從山，鳥省聲"，徽字是"從系，微省聲"，就是為了寫起來整齊勻稱，所以，把表示聲音的"鳥"和"微"都減掉了一些。

以上就是許慎《說文》"據形以解義"的解釋體例。此外，讀者還應該了解《說文》對字音的解釋方法。一般的形聲字，《說文》都有"從某，某聲"；"從某、某，某亦聲"；"從某，某省聲"，這樣它的大體讀音便可以一目了然，猜也能猜個八九不離十。但也有不少字，許慎採用了"讀若某"或"讀與某同"的直接注音方法，例如，瑂是"讀若眉"，逝是"讀若誓"，裾是"讀與居同"，讀者就應當參照它所指示的另一字的讀音來判斷。這裏應當提醒一句，古音和今音有大不相同處，切不可用現代字音去套讀。

　　了解了許慎《說文》對字形、字義、字音解釋的體例與方法，也許我們就可以讀懂讀通《說文》了，因為漢字的三個要素就是──形、音、義。

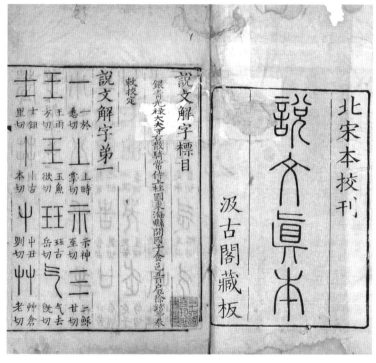

汲古閣藏本《說文解字》

三、功用何在

也許有人會問，就算我們懂得讀《説文》的方法了，可我們為甚麼要讀這樣一本字典，讀了它又有甚麼用處呢？我以為，讀《説文》的直接用途至少有三點。

第一，可以了解現在我們仍然在使用的漢字，尤其是它的字形、字義的來龍去脈。原始漢字是甚麼樣子，現在尚無法得知。雖然大汶口、仰韶等原始遺址的某些器皿上刻的符號，曾被一些專家視為最早的漢字，但畢竟數量有限，難以判斷。現在可以知道確定的早期漢字，有殷商刻在甲骨上的卜辭一類的文字，有殷周鑄在青銅器上的銘文，再下來就是戰國、秦代使用的篆、籀、古文了。此後經漢代隸書到魏晉以後的楷書，便形成了現在通用的文字。其中，漢字形變最為巨大的是篆、隸之間的那一次，這次變化使我們現在使用的漢字距離原始漢字開始遙遠了，很多字失去了造字時的基本形狀，於是，我們常常不明白這些字為甚麼這樣寫，為甚麼是這個意思。可是如果我們讀《説文》，看看它對字形的分析，看看它保存的篆、籀、古文，那麼，很多疑問就能迎刃而解。因為篆、籀、古文畢竟保存了較多的漢字原型，而到了隸、楷書就變化較大了。例如，眾、聚二字，《説文》指出："𧝓，多也。從㐺，目眾意。""𦫳，會也。從㐺，取聲。"於是我們知道，眾、聚的下半部原來是由三個人形組成的"㐺"（即簡化字"众"），而"㐺"字的意思就是"眾立也"，表示人多，故而"眾"也表示多，"聚"也表示聚合、會合。又例如旋、旅、施，《説文》指

176

出：“，周旋，旌旗之指麾也。從放从，从，足也。”“，旗有眾鈴以令眾也。從放，斤聲。”“，旗旖施也。從放，也聲。”這樣我們就知道，“旋”是指用旌旗指揮戰鬥，“旂”是上面有鈴的旗幟，“施”是旗幟招搖的樣子，它們都與“放”有關，而“放”就是指旗幟。為甚麼？《説文》説“放”的形狀是“從中，曲而下，垂放相出入也”，據段玉裁注文説，中是旗杆的形狀，人是旗幟下垂搖晃的形狀，我們看甲骨文中的這個字，它正是像一個旗幟，作。又例如“孚”，讀《説文》就知道這個字的上半部就是爪，“從爪、子”，本意就是抓獲俘（一説為“俘”的本字，似更合符原意）。再如“舀”和“臽”，現代漢字初看上去很相似，但讀《説文》就知道大不一樣，舀是，從爪、從臼，是從臼裏向外取物，而臽是，從人在臼中，是人落在陷阱中。可見，讀《説文》了解古代字形結構，對理解現在使用的漢字是大有好處的，特別是還能從《説文》所説的字本義來分析字義的逐漸演化過程。例如上面舉過的例子中有“施”字、“旋”字，本來指與旗幟有關的意思，可後來卻變了，怎麼變的，變化後的意思又是怎麼從本義一步步來的，我們都可以從中考察辨析。

第二，《説文》也是我們探索更古老的漢字字形、字義的一個大門。前面我們説過，古今字形變異最大的就是篆、隸之間，而篆又正是上承甲骨、金文，下啟隸書、楷書的中間環節，就像隔斷古今的大門，但如果能打開這個大門，那麼，它又是溝通古今的一條坦途。因而《説文》在識別古文字上是極其重要的，如果不讀《説文》，那些更古的甲骨文、金文就可能無法認識。例如甲骨

文中有 ϯ、ϯ，這是個甚麼字呢？一看《説文》，其中有 ϯ，是“草木之初也。從丨，上一貫，將生枝葉也，一，地也”，於是恍然大悟，原來就是“才”字，ϯ 就是草木 (Ψ) 還沒有冒出來地面 (一) 的形狀。又例如，甲骨文中有 ↟、↟，金文中又變為 ↟，這又是個甚麼字呢？《説文》中一查，有一個 ↟ 字，就是“老”，它説：“七十曰老，從人、毛、匕”，雖然差了一點 (從甲骨文中可以看出是挂拐杖而不是拿匕首)，但大致是差不多的，“老”字就是人老了頭髮很長，又扶着杖的形狀。此外如“眉”，甲骨文作 ↟，《説文》引篆作 ↟，指的就是人的眉毛；“亦”，甲骨文作 ↟，《説文》與此相似，就是人的兩腋之下。可見，《説文》就是通向古文字的一扇門戶。

第三，《説文》還是我們考察中國古代文化的絕好材料。《説文》所收的字 (詞與字在中國古漢語中分別不很大) 是古人使用過的，古人的一些偏好、習俗，以及對萬事萬物的理解和想象常常反映在這裏面。有很多人都指出，如果把《説文》和我們現在的常用字表對照，就可以看到古今的不同。比如，《説文》示部有六十二個字，但是除了社、祈、神、祕、祖、祝、祥、禁、福、禍、齋、禪這十二個字現在還常用外，其他的都幾近絕跡，就連這十二個字也改變了一些意思，否則恐怕也會打入冷宮。可是，古人創造了示部這麼多字，卻絕不是為了好玩，而是字字有其用途的。原來古人重視祭祀，大至祭天地，中至祭祖先，小至祭中霤、灶台，名目繁多，為了區別這些不同的祭祀儀式，便有了這些不同的示部字。比如，祫是“大合祭先祖”，禘是王正月郊祭天及先祖，禪是"祭天"，祠是"春祭"，柴是"燒柴焚燎以祭天"，祮是"告祭"，禷是"以事類祭天神"，祔是"後死者合食於先祖"，等等。從這些今人已經很陌生的字裏，我們可以看到古代社會的一個很重要的側面，也證實了"國之大事在祀與戎"的古話。又比如，《說文》玉部所收一百二十五字，也反映了古人對玉的特殊重視。古人用玉分別極細，從質地、色澤到形狀都有極多講究，比如"黃琮禮地，蒼璧禮天"等等。由此可以推測，古代人對於"玉"，必然有一個迥異於今人的觀念。今人對玉，只覺得它具有審美價值和交換價值，但古人對玉下如此大的功夫，去辨別、命名，肯定別有想法。有的學者從古人"服食美玉"，古墓有金縷玉衣等線索就推測出古人對玉另有一種神秘主義的觀念，有的學者從古人祭祀儀禮、朝覲相見等活動中異常重視玉，也看到古代"玉"有特殊功用，而我們從《說文》所收玉部字數目之多，也可以推測古代也許有一個玉器時代。這樣，我們就不難理解圍繞着楚國卞和之玉發生的那麼多故事，不難理解戰國時秦國何以要以十五城換趙國一塊石頭（和氏璧），而趙國又何以想方設法保住這塊石頭了。我們知道，文化常常表現在語言上，語言的特徵常常就是文化的密碼，作為語言記錄的符號，文字系統中往往蘊藏了豐富的文化資料，上面舉的只是極普通的兩個例子。

最後，我們也要注意，即《說文》一書也有一些錯誤，讀它的時候應當小心，畢竟許慎一人知識有限，思考未周，而後來的學者經過長期研究，發掘材料，對它有不少匡正。例如，在部首的安排上，許慎就有自相矛盾之處，像"白"和"自"，他自己就説"此（指'白'）亦'自'字也"，甲骨卜辭中表示"自"（即後來的"鼻"字）的有𦣻，也有𦣝、𦣞，金文中表示"自"的有𦣻、𦣞，顯然許慎誤把它們當成了兩個不同的字而分作了兩個部首。又像"蓐""教""箕""雲"，本可屬艸、攴、竹、雨各部，許慎卻又為它們另立了部首，這顯然違背了建部首的本意。還有一些更以表音的聲旁為部首，像"句""不"等。以"句"部為例，其下所收"拘""笱""鉤"三字"句"皆為聲旁，雖然"句"義或有會意的功用，但完全可以將三字分入手、竹、金部。這顯然是許慎自亂其例，違背了"以形説義"的原則。特別要小心的是，由於許慎沒有看到甲骨文等更早的文字，所以在分析字形時也出現不少錯誤。比如"牢"字解釋成"從牛冬省"簡直莫名其妙，其實在甲骨文、金文中"牢"是個從牛、從宀的會意字；"企"字解釋成"從人，止聲"，其實應是從人、從止；等等，這裏就不一一舉例了。

【 文獻選讀 】

1. 許慎《説文解字·序》

倉頡之初作書也，蓋依類象形，故謂之文。其後形聲相益，即謂之字。文者，物象之本；字者，言孳乳而寖多也。著於竹帛謂之書。書者，如也。以迄五帝三王之世，改易殊體，封於泰山者七十有二代，靡有同焉。

周禮：八歲入小學，保氏教國子，先以六書。一曰指事。指事者，視而可識，察而見意，"上""下"是也。二曰象形。象形者，畫成其物，隨體詰詘，"日""月"是也。三曰形聲。形聲者，以事為名，取譬相成，

"江""河"是也。四曰會意。會意，比類合誼，以見指撝，"武""信"是也。五曰轉注。轉注者，建類一首，同意相受，"考""老"是也。六曰假借。假借者，本無其事，依聲託事，"令""長"是也。及宣王太史籀，著大篆十五篇，與古文或異。至孔子書六經，左丘明述《春秋傳》，皆以古文，厥意可得而說也。

其後諸侯力政，不統於王。惡禮樂之害己，而皆去其典籍。分為七國，田疇異畝，車途異軌，律令異法，衣冠異制，言語異聲，文字異形。

秦始皇帝初兼天下，丞相李斯乃奏同之，罷其不與秦文合者。斯作《倉頡篇》。中車府令趙高作《爰歷篇》。大史令胡毋敬作《博學篇》。皆取史籀大篆，或頗省改，所謂小篆也。

是時，秦滅書籍，滌除舊典。大發吏卒，興戍役。官獄職務繁，初有隸書，以趣約易，而古文由此而絕矣。自爾秦書有八體：一曰大篆，二曰小篆，三曰刻符，四曰蟲書，五曰摹印，六曰署書，七曰殳書，八曰隸書。

……

2. 王念孫《段玉裁〈說文解字注〉序》

《說文》之為書，以文字而兼聲音訓詁者也。凡許氏形聲、讀若，皆與古音相准。或為古之正音，或為古之合音。方以類聚，物以群分，循而考之，各有條理。不得其遠近分合之故，則或執今音以疑古音，或執古之正音以疑古之合音，而聲音之學晦矣。

《說文》之訓，首列製字之本意，而亦不廢假借，凡言"一曰"及所引經，類多有之。蓋以廣異聞，備多識，而不限於一隅也。不明乎假借之指，則或據《說文》本字以改書傳假借之字，或據《說文》引經假借之字以改經之本字，而訓詁之學晦矣。

吾友段氏若膺（按：段玉裁字若膺），於古音之條理，察之精，剖之密，嘗為《六書音均表》，立十七部以綜核之，因是為《說文注》，形聲、讀若，一以十七部之遠近分合求之，而聲音之道大明。於許氏之說，正義借義，知其典要，觀其會通；而引經與今本異者，不以本字廢借字，不以借字易本字，揆諸經義，例以本書，若合符節，而訓詁之道大明。訓詁聲音明而小學明，小學明而經學明，蓋千七百年來無此作矣。

　　若夫辨點畫之正俗，查篆隸之繁省，沾沾自謂得之，而於轉注假借之通例，茫乎未之有聞，是知有文字而不知有聲音訓詁也。其視若膺之學，淺深相去為何如耶！余交若膺久，知若膺深，而又皆從事於小學，故敢舉其犖犖大者，以告綴學之士云。

　　　　嘉慶戊辰五月高郵王念孫序

【參考書目】

1. 《說文解字》，【漢】許慎撰，中華書局，1963。

2. 《說文解字注》，【清】段玉裁撰，上海古籍出版社，1981。

3. 《說文解字義證》，【清】桂馥撰，齊魯書社，1987。

4. 《說文句讀》，【清】王筠撰，中國書店，1983。

5. 《說文通訓定聲》，【清】朱駿聲撰，中華書局，1984。

6. 《說文解字詁林》，丁福保編，中華書局，1988。

《黃庭經》：尋求永恆生命

甚麼是道教？人說這是一個追尋永生與幸福的中國式宗教，不過它的關懷卻是全人類共同的。據說，當人類成為人類，理智上最先意識到的就是"人會死"，因此，從人類成為人類，情感上最早的慾望也就是"人不死"。道教千百年來追索的就是不死與成仙，它執着地追問：人如何不死？如何成仙？

　　道教的經典很多、很雜，一時半會也說不全，所以我們在這裏只挑選了《黃庭經》來介紹，也是讓讀者略嘗一臠的意思。之所以選《黃庭經》，並不是它能代表道教的全體思想與方法，只不過因為它比較有名罷了。

　　在中國古代有個很有名的故事叫"《黃庭》換鵝"，說的是東晉的大書法家王羲之不願住在吵吵鬧鬧的都城，跑到會稽（今浙江紹興）和謝安、孫綽等名士一起遊山玩水。有一天，他到山陰，看見有個道士養了一群鵝，他非常喜歡，就想向道士買鵝，這道士知道王羲之是大書法家，就讓他親手寫一部《黃庭經》來換鵝，王羲之愛鵝心切，欣然同意，就寫了一部《黃庭經》將鵝換回（見《太平御覽》卷二三八引《晉中興書》，《晉書》卷八十《王羲之傳》說王羲之寫的是《道德經》）。後來，有很多人把這個故事寫在詩文裏，像李白《送賀賓客歸越》就以王羲之來比喻好朋友賀知章，說："山陰道士如相見，應寫《黃庭》換白鵝。"那麼，為甚麼道士要讓王羲之寫《黃庭經》呢？大概主要是因為《黃庭經》在當時很受重視，十分流行，直到唐代它還是文人士大夫非常愛讀的道教經典，像中唐詩人姚合在紀念一位道教朋友時就拿它來象徵道典，說："永秘《黃庭》訣，高懸漉酒巾。"(《哭硯山孫道士》)

關於《黃庭經》，我們等一會兒再接着談，為了讓讀者更好地了解它，我們先簡單談一談道教及道教的經典。

一、甚麼是道教

說到道教，首先要分清道家與道教的區別。古代中國文獻中，常常用"道家"指稱"道教"，西方人也常常用一個 Taoism 來說"道家"和"道教"，現代中國民眾也總以為老子就是開創道教的神聖。但這裏還是要強調，道家和道教不是一回事兒，雖然它們之間有很深的淵源關係，但畢竟它們不能混為一談。

前面在介紹《老子》時，我們已經談到了道家思想，在介紹《淮南子》時，我們也談到了道家思想在漢代有了新的發展。在漢代，道家思想確實有逐漸宗教化的趨向，可是，在先秦到西漢這段時間裏，它仍然是以老、莊思想為主的一個學說，他們的特點，顧名思義就是熱衷於談論"道"。這個"道"在他們看來是一個既玄虛又根本的東西：它是根本意義上的終極概念，即它是宇宙的本質；是歷史意義上的原初概念，即它是宇宙的生成本原；是人生意義上的基本準則，即它是人類所應當遵循的生存之路；是政治意義上的核心規則，即它是統治者必須奉行的治國之法。總起來說，“道”就是一個終極性的語詞，它看不見，摸不着，無形無聲，但一切從中生出，一切又回歸其中。老子、莊子就是在這種極抽象、極玄虛的層次上論述“道”的，所以才稱為“道家”。用現代的話來說，老、莊是思想家，道家是思想流派，道家思想是一種學説。

學説和宗教不一樣，學説關心的是人類的智慧，而宗教關心的是人類的靈魂；學説是否成立是可以由人思考檢驗的，而宗教則需要人的信仰、崇敬與服從；學説往往提出問題而不能解決問題，而宗教卻試圖解決人類具體的生存問題。道教與道家的區別也正在此。道教雖然也曾把老子當成教主，把《老子》即《道德經》當作經典，但他們關心的不是抽象的哲理而是實實在在的人生問題，即人怎樣才能解決生存的困厄，怎樣才能擺脱死亡的威脅。所以，道教就有了它一套獨特的東西，並和道家顯出了根本的差別。

首先，他們有一套自己的哲學，雖然它也認為“道”是一切的根本，也認為“道”是“無”，是宇宙的本原與歸宿，但它的“道”不是遠離現實世界的抽象本體，而是擁有一個具體的目標、一套具體的設計。這個目標即個人生命的永恆，這套設計即人怎樣遵循“道”，回歸“道”，從而與“道”同體。其次，他們有了具體的象徵物來象徵“道”，換句話説，就是有了一個神祇系統，這套神祇系統一方面表現着道教的關懷領域，一方面作為崇拜物維繫着信徒的信仰，甚至還負擔着它們的宇宙想象，比如象徵"道""太極""兩儀"的展開，就有三清（玉清、上清、太清，即元始天尊、靈寶天尊、道德天尊），象徵"天"則有玉皇大帝，象徵"死"則有酆都大帝。再次，他們有了一整套為解決具體問題而設立的與神溝通的儀式與方法，比如求神的齋醮儀式，劾鬼的符、咒及雷法、印法、鏡法，以及保持生命的內、外丹術等等。最後，他們還有了一個基本的組織形式，這是由道教領袖、不同等級的道士及信徒，按一定形式聚合而成的道教團體。例如，早期五斗米道就把道士與信徒分成"天師、嗣師、系師及三女師"一等，"道姑、道男、冠女官、道父、道母"一等，"米民、米姓"一等；又將信徒按二十四所道觀的地域所在分為二十四"治"，各設"祭酒"。後期道教又有"方丈""監院""都管"及"都講""高功""經師""提科"等職，形成以宮觀為單位的團體。所以，道教並不是純粹的思想流派或學派，道士並不是純粹在那裏玄思宇宙形上問題的思想家，道教思想並不是道家思想那種抽象而玄虛的體系。應該記住的是，道教是一個宗教，作為宗教，它要解決人間的各種具體問題，因而它必然擁有哲理、神譜、儀式、方法和組織形式。

對於中國人，尤其是中國古人來說，道教很重要，中國唯一土生土長的宗教就是道教，從漢末萌芽，魏晉成熟，唐代大盛一直到如今，它已經存在了兩千多年了。在道教那裏保存着中國最古老、最深刻的智慧，也保存了最原始、最普遍的慾望。在道教中，我們可以了解到中國尤其是漢民族的許多文化特性。所以，日本學者橘樸在《道教與神話傳說》中說："要理解中國人，無論如何要首先理解道教。"而中國深刻的思想家魯迅在《致許壽裳》中也説:"中國根柢全在道教⋯⋯以此讀史,有許多問題可以迎刃而解。"

二、道教經典的構成

道教在萌芽時期思想並不很成型,也不很系統,主要是承襲漢代道家思想並把它們向宗教方面發展,所以《老子》和《周易》是他們依傍的主要經典。東漢時期,一些人用注釋《老子》來闡發宗教,一些人又用《周易》來附會煉丹術,於是,有了《老子想爾注》《周易參同契》一類道教著作。當然,同時也還零零星星地流傳着一些他們自己新創製的著作,例如《太平經》等。但是,到了魏晉時期,隨着道教的逐漸發展,陸陸續續出現了很多書,像甚麼《靈寶經》《天機經》《黃庭經》《太清丹經》《九鼎丹經》等等,其中有道教重要人物的言行錄,有各種方術的秘本,有神話傳説故事,也有道教理論著作。於是,南北朝時期一些道士便感到有必要將它們進行一番整理,一方面是對道教理論與實踐體系的總結,一方面則為了形成系統經典與越來越興盛的佛教抗衡,因此逐漸形成了道教經典的基本構架,即所謂的"三洞"以及"四輔"。

所謂"三洞",即洞真、洞玄、洞神三部。"三洞"是甚麼意思?不很清楚,有兩種説法。一是説三洞指三乘(大乘、中乘、小乘)與三界(無色界、色界、慾界),這種比附佛教語詞的説法肯定不可靠。一是説三洞對應三清境,即玉清境(清微天、元始天尊)、上清境（禹餘天、靈寶天尊）、太清境（大赤天、道德天尊），這當然是道教的本色說法，但為甚麼又叫“洞”而不叫“清”，也說不明白。依我想來，“洞”也許是通達、貫通，班固《西都賦》“閨房周通，門闥洞開”，陸機《漢高祖功臣頌》“通幽洞冥”，顧愷之《定命論》“凝明而洞照”，都是這個意思。那麼“三洞”就是洞見真實、洞見玄妙、洞見神奇，以“三洞”做經典部類的總名，也許就是說，這些經典可以使人領悟真實、玄妙、神奇。

現在我們通常使用的，是明朝正統年間（1436－1449）編輯的《道藏》。在“三洞”中，洞真部收書 316 部，洞玄部收書 303 部，洞神部收書 362 部。每部中又各分十二類，這十二類是本文、神符、玉訣、靈圖、譜錄、戒律、威儀、方法、眾術、記傳、讚頌、表奏。據專家考證，這“三洞”三十六類書是逐漸形成的。早在南北朝之初，“三洞”的書並沒有幾部，也沒有分出類來。洞真部主要是《上清經》，是上清一派的經典，其基礎是《上清大洞真經三十九章》等若干著作。據《真誥‧敘錄》說，它是女道士魏華存傳給楊羲，楊羲傳給許謐、許翽，在東晉年間問世的。洞玄部主要是《靈寶經》，是靈寶一派的經典，其基礎是《靈寶五符經》。據說是三國時葛玄傳出來的，不過葛玄傳出來以後，到東晉南朝它已經增加了很多篇幅，葛玄的從孫葛巢甫再次傳出時已變成了 55卷。洞神部則傳授次第不詳，大約和葛玄、葛洪也有關係，它的基礎是《三皇文》和《五嶽真形圖》。

《三皇文》分《天皇內文》《地皇內文》《人皇內文》，主要是用符字召神役靈，所以有“符”也有“訣”。《五嶽真形圖》則是一種入山符咒，有人懷疑它是從古地形圖演化而來，令人入山不逢鬼怪的符文。這兩種書來歷頗早，相傳"家有《三皇文》，避邪惡鬼、瘟疫氣、橫殃飛禍"，而有了《五嶽真形圖》則可以召天神、司命、五嶽、四瀆，"避虎狼山精五毒百邪"。當然，後來這部分書也逐漸附益增多，成了洞神部的基礎。

到了南北朝初期，有一個傑出的道教領袖陸修靜（406－477年），他感到道教經典過於雜亂，在皇帝的支持下便開始對它們進行整理。他先是廣泛收集散見的道書，然後進行甄別分類。據說他收集了經書、藥方、符圖共1228卷，便把它們分成"三洞"，於宋明帝泰始七年（471）向朝廷獻上了《三洞經書目錄》。這樣就奠定了道教經典中"三洞"的初步基礎，從此道教也就有了自己的經典總匯。

接着說"四輔"。"四輔"是"三洞"之外的四大部類，有太玄部、太平部、太清部和正一部。"輔"，顧名思義應當是輔助類典籍，其實這四部中不乏極重要的道教著作，稱之為"輔"並沒有多少道理。有人說，立太玄是輔洞真，立太平是輔洞玄，立太清是輔洞神，而正一則總輔三洞，這太穿鑿附會。很可能這部分經典的收集編次比較遲，不便塞入"三洞"，就另立四部，而後人就以為它們只是輔助性經典，便先入為主地稱之為"四輔"。

明代正統年間編成的《道藏》中，太玄部以《道德經》為中心收錄了111部道書；太平部以《太平經》為中心收錄了66部道書；太清部則收入24部道書，其中講服食金丹者較多；正一部則收入239部道書，其中主要的是從五斗米道、天師道到後來正一派的經典。

應當説明的是，現在我們通常使用的是明代正統年間的《道藏》。《道藏》這三洞四輔七大類 1441 部 5000 多卷道教經典，是從漢代到明代陸續修撰、陸續編入的。但問題是，一方面它收錄得很雜也很濫，所謂"雜"和"濫"，是它把本不屬於道教的很多先秦、兩漢道家甚至非道家的書也收入了，像《孫子》《公孫龍子》《鶡冠子》《焦氏易林》《墨子》《韓非子》等等；另一方面它收錄的又有不少闕漏，比如敦煌發現的不少古道書並未收入；更奇怪的是它兼收並蓄之餘，竟然也還有一些一直流傳的、人所常見的道書都沒有收錄進去，比如説葛洪的《神仙傳》等。所以，這三洞四輔並不意味着道教經典已經囊括無餘，尤其是要研究明、清以後的道教，更要注意參考如《萬曆續道藏》《道藏輯要》《道藏精華錄》《莊林續道藏》等。現在《藏外道書》已經編輯出版，在《藏外道書》出版之後，《道藏》的闕漏得到補足，而我們也能夠不必四方尋覓資料。只要《藏外道書》一部在手，加上《道藏》及《續道藏》，就可以大體遍覽道教古今的全部歷史典籍。

下面，我重點講一講《黃庭經》。

三、《黃庭經》解說

《黃庭經》在道教經典中，雖然資格比不上《太平經》那麼老，理論比不上《抱朴子》那麼深，部頭比不上《度人經》那麼大，體系比不上《雲笈七籤》那麼全，但也是一部很重要的著作。尤其是在所謂"內丹"，也就是道教養生術方面，它可以說是最古老的著作之一。道教思想裏尋求永恆生命的一面，常常就表現在這類書中。而且在這類書中，還包含了古人對宇宙、生命的一些深刻而獨到的智慧。我們挑選《黃庭經》作道教經典的代表來進行解說，正因為這一點。

可是，《黃庭經》並不是一種書而是兩種書，一種是《太上黃庭內景經》，一種是《太上黃庭外景經》。關於這兩部同名"黃庭"的經典孰先孰後，還有過不同的説法。有人認為，《內景經》早於《外景經》，像清人董德寧《太上黃庭經發微》及今人王明《黃庭經考》都有這個説法。王明甚至認為魏晉時代就已經有《黃庭內景經》的秘本，而西晉末年它就已經在世上流傳了，所以《內景經》比較早。但也有人不同意這種見解，認為魏晉時代已有《內景經》秘本的説法是誤將傳説當史實，而《黃庭外景經》在兩晉的流傳卻有明確證據，《抱樸子·遐覽》中所提到的《黃庭經》和王羲之寫經換鵝的《黃庭經》都是指《外景經》。因為宋代歐陽修《集古錄》中説，他曾親見東晉永和年間（345－356）的石刻本王羲之手書《黃庭經》就是寫的《外景經》；宋人晁公武《郡齋讀書志》卷十六神仙類登錄《黃庭外景經》三卷，也説它"與法帖所載晉王羲之所書本正同"。可見，它在兩晉間已經面世並流傳是沒有疑問的，而《內景經》中卻有一些像"洞玄""玉晨君""紫清上皇大道君"等南北朝以前從未有過的名詞，可見《外景經》要早於《內景經》。關於兩者的成書年代還有種種論述，這裏就不一一細説了，我的看法比較偏向於後一種意見，所以，我們在這裏主要解説的就是《黃庭外景經》。

《太上黃庭外景經》託名太上老君所作，通行本第一句就是"太上閒居作七言"，《雲笈七籤》卷十二所引第一句則是"老君閒居作七言"（按：本篇以下所引《外景經》原文，均據《雲笈七籤》所載文本）。當然這是大言欺人的鬼話，因為道理太簡單了，太上老君如果是老子的話，老子的時代根本沒有七言詩。文學史研究表明，七言詩最早是在東漢才有的，而《黃庭經》恰恰是由七言詩句組成的一部道經，所以它的作者根本不可能是老子或太上老君，只能是魏晉時代的人物。

古往今來，道教關心的焦點是人的生死問題，而《黃庭經》就是談人的生死問題的，當然它側重的是生而不是死，是人如何獲得永恆的生命。在它的理論體系裏，最為突出的是以下三點：

第一，它是把人（生命）與天（宇宙）聯繫在一起來探討永恆問題的。正像很多人都知道的，中國人自古以來就有這樣一個觀念，即外部世界是大宇宙，人體是小宇宙，這二者之間也就是"天""人"之間有非常微妙的對應及感應關係。近年出土的張家山漢簡《引書》中就說："治身欲與天地相求。"《黃帝內經素問》卷一《生氣通天論》中也說："夫自古通天者，生之本。"那麼，大宇宙與小宇宙之間怎樣才相通呢？

古人認為，首先是二者之間在結構上有對應點，外部大宇宙是由五行（金木水火土）、五方（東南西北中）、五味（酸鹹辛苦甘）等構成的，內部小宇宙同樣也有五官（眼耳鼻口舌）、五臟（心肺腎肝脾）與之相配，如《管子‧水地》就以五味與五臟相配，說"酸主脾，鹹主肺，辛主腎，苦主肝，甘主心"，這一外一內、一大一小的宇宙是互相對應的。外部大宇宙之所以生生不息、永無終結，是因為它和諧共生、循環不已，所以人就應當仿效它，讓生命的元氣在五臟中流動循環。其中，有一種說法認為，脾是五臟中心，《黃庭外景經》說："脾中之神主中宮，朝會五藏列三光，上合天門合明堂，通利六府調五行，金木水火土為王，通利血脈汗為漿，修護七竅去不祥。"（按：以下引文凡不特別註明者均出自《外景經》）意思就是說脾是人體的中心，處在五方之中的中央位置，屬於五行中王者所處之土位，它可以通利六府（膽、胃、大腸、小腸、三焦、膀胱）與血脈，能夠保護七竅（雙耳、雙眼、雙鼻孔及口），袪除不祥，所以它的地位格外緊要。其實《黃庭經》所謂"黃庭"，也就是指脾。為甚麼叫"黃庭"？因為黃色象徵土，土在五行屬中央，正合脾的位置，而"庭"是指屋外空地，暗示着空，就是說要使脾的雜亂污穢一清而空，這樣才能保證其他一切正常運轉，和諧循環。

第二，《黃庭經》中談到了不少生命保養的方法，如嗽液、節慾、握固、導引等等，但它尋求永恆生命的主要方法還是養氣。《黃庭經》顯然承襲了古代中國關於"氣"的思想，相信人的生命在於"氣"。

"氣"和"養氣"的思想在中國很早就產生了，有人曾上溯到伏羲時代。這當然缺乏文獻證據，但至少先秦時代人們就懂得"氣"的意義和養氣的方法了。像戰國時的《行氣銘》和《莊子》都提到過周流全身之"氣"。"氣"作為生命之根，在直覺上至少可以得到兩個方面的支持，一是宇宙與人都是由陰陽二氣化合而成的，陰陽二氣化生天地，陰陽二氣化生人類，這是一個道理，所以"氣"對於人來説實在就等於生命；二是人活着時一呼一吸，人死了後呼吸停止，從這種外在現象上，人們自然能得出"氣"是生命本原的看法。所以《黃庭經》一開頭就説道："呼吸盧間入丹田，玉池清水灌靈根，審能修之可長存。""丹田"是指臍下三寸處，中國古代人認為那是人的命根所在，也是氣的凝聚之處，古人把它和天上的"太一"相提並論（《蔡中郎集》卷一《王子喬碑》説："或弦歌以詠太一，或談思以歷丹田"；《難經》第六十六難説："臍下腎間動氣者，人之生命也，十二經之根本也"）。《黃庭經》的意思就是呼吸天地之間（盧間）元氣使之進入丹田。"玉池清水"是指口中唾液，中國古代人認為那也是人生命的精華，不可輕易吐掉，而且要有意識地漱動之後嚥下舌根。它又叫"元和"（《太清中黃真經》説："但服元和除五穀，必獲寥天得真籙"），又叫"玉醴金漿"（《元氣論》説："玉醴金漿乃是服煉口中津液也"）。《黃庭經》的意思就是漱嚥人身中自然湧出的玉液，以它灌溉靈根，這樣就可以獲得永恆生命。

所以，接下來《黃庭經》強調了兩方面，一方面是養氣，即"獨食太和陰陽氣"，因為"上稟天氣命益長"，"服食玄氣可遂生"，只要人能控制氣在身中的運行，使它周流不息，"受意動靜氣得行，道自將我神明光"，而且能把氣守存在丹田，即"晝日昭昭夜自守，渴可得漿飢自飽"，就能夠"通我精華調陰陽"；另一方面是養性，即保持恬淡無慾的心境和清爽潔淨的身體，就可以獲得長生，這就叫"內守堅固真之真，虛中恬恢自致神"；"帶持性命守虛無，名入上清死錄除"(《內景經》)。這兩方面合起來,就是既要"吐故納新"吸取天地元氣,又要"養氣存精"保住體內元氣,用《黃庭經》的話來說就是"恬淡無慾養華莖,服食玄氣可遂生"。第三,如果僅僅是以上兩點,那麼《黃庭經》便與中國其他古醫書相仿了,事實上《黃庭經》也確實吸收了中國古代關於生命的醫學智慧。不過,它畢竟又是一部道教著作,很多古代生命智慧又都在道教這裏染上了神秘色彩。它的許多養生概念都被神化了,很多生理器官也都被比附了神靈,例如"髮神蒼華字太元,腦神精根字泥丸,眼神明上字英玄,鼻神玉壟字靈堅,耳神空閒字幽田,舌神通命字正倫,齒神崿鋒字羅千"(《內景經》);又例如"兩腎之神主延壽,轉降適斗藏初九,知雄守雌可無老,知白見黑急坐守"(《內景經》)。這裏顯然有些牽強附會的神秘主義味道,難道髮、腦、眼、鼻、耳、舌、齒神的名與字那麼巧正好吻合他們的特性與功能?難道他們的名字那麼巧又正好可以押上韻編成詩?這無疑是編製而成的神話。"兩腎之神"一段說得是不錯,可甚麼叫"適斗藏初九"?可能是把"斗"比陰,"初九"比陽。但甚麼叫"知雄守雌""知白守黑"?含含糊糊的,我們知道它有些道理,可細細想來,又很難確指何為"陰",何為"陽",何為"白",何為"黑"。

中國道教養生術、中國古代醫學乃至中國古代哲理都有這種可以意會而不可言傳的特點,因而常常使巫術與科學、智慧與迷信攪成一團。在我們讀《黃庭經》時千萬不可忘了這一點。

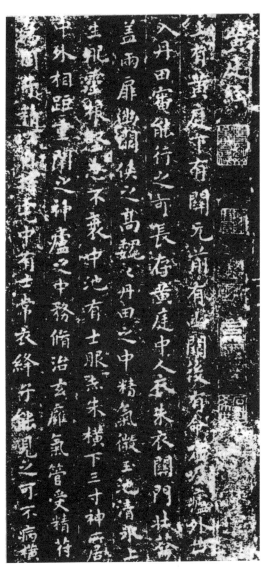

[傳]王羲之寫《黃庭經》

【文獻選讀】

1. （傳）務成子撰《太上黃庭外景經・序》（載《雲笈七籤》卷十二）

黃庭經者，蓋老君之所作也。其旨遠，其詞微，其事肆而隱，實可為典要。強識其情，則生之本也。故黃者，二儀之正色，庭者四方之中庭，近取諸身，則脾為主，遠取諸象，而天理自會。然谷神不死，是謂玄牝。是以寶其生也。後晉有道士，好黃庭之術，意專書寫，常求於人。聞王右軍精於草隸，而復性愛白鵝，遂以數頭贈之，得乎妙翰。且右軍能書，善錄斯文，頗多逸興自縱，而未免脫漏矣。後代之人但美其書，而以為本，固未睹於真規耳。余每惜太上聖旨，萬世莫測，今故纂注，以成一卷，義分三部，理會萬神，冀得聖人之教不泯於當來矣。

2. 《太上黃庭外景經》

老君閒居作七言，
解說身形及諸神。
上有黃庭下關元，
後有幽闕前命門。
呼吸廬間入丹田，
玉池清水灌靈根，
審能修之可長存。

【參考書目】

1. 《太上黃庭外景經》，務成子注本，《雲笈七籤》卷十二，齊魯書社，1988。

2. 《黃庭經考》，王明撰，《道家與道教思想研究》，中國社會科學出版社，1985。

《般若波羅蜜多心經》：佛教袖珍寶典

佛説如是，如是我聞。原來，菩提樹下妙雨繽紛，諦聽下只是"修心"二字。三藏佛書萬卷千篋，廣被眾生的竟是這二百餘字。《般若波羅蜜多心經》，據説，其中有智慧，能普度眾生到幸福彼岸。

《西遊記》第十九回"雲棧洞悟空收八戒，浮屠山玄奘受心經"中有這麼一段故事，説唐三藏和孫悟空、豬八戒來到浮屠山，見一個烏巢禪師，這禪師傳授給唐三藏一篇經文，説道："我有《多心經》一卷，凡五十四句，共計二百七十字，若遇魔障之處，但唸此經，自無傷害。"下面接着説："此時唐朝法師本有根源，耳聞一遍《多心經》，即能記憶，至今傳世。此乃修真之總經，作佛之會門也。"這裏所説的《多心經》，其實就是《般若波羅蜜多心經》，它並不是甚麼烏巢禪師傳授給唐三藏的，其實就是唐三藏玄奘在唐代初期自己翻譯過來的。

《西遊記》的作者大概不太懂《般若波羅蜜多心經》（梵文Prajñāpāramitāhrdayasūtra）的意思，所以又把它稱作《多心經》，其實，"般若"（Pāramitā）是到彼岸之意，"心"是意譯，比喻核心、精華，所以簡稱應當是《心經》而不是《多心經》（日本學者經過考察，發現把《心經》誤稱作《多心經》，在唐代就已經有了）。不過，他對於這部經典的意義卻是了解的。第八十五回"心猿妒木母，魔主計吞禪"裏孫悟空向唐三藏詢問《心經》，唐三藏回答說："千經萬典，也只是修心。"第二十回"黃風嶺唐僧有難，半山中八戒爭先"一開頭頌《心經》偈語說："法本從心生，還是從心滅。生滅盡由誰，請君自辨別。既然皆己心，何用別人說？只須下苦功，扭出鐵中血。絨繩着鼻穿，挽定虛空結。"大體上都還是說着了一些意思的，《心經》的中心就是"修心"。

那麼，這部被稱為"修真之總經，作佛之會門"的佛教袖珍本寶典究竟是怎麼來的？它又是怎樣教導人"修心"的？我們下面再談。為了使大家對佛教經典有一些了解，我們先從佛教經典的形成過程說起。

一、從三藏結集說起

釋迦牟尼滅度之後，為了傳播他的思想，也為了統一弟子各自相傳的佛陀言論，釋迦牟尼的弟子們就聚集在一起，對釋迦牟尼平日的演講、言談進行整理和歸納，這在佛教史上叫做"結集"（Saṅgiti）。

第一次結集，據說是在釋迦牟尼遺體火化（前486年）之後就進行了。當時釋迦牟尼的弟子或弟子的弟子們推選了五百個代表，在王舍城（Rājagrha）集會，這五百人又推選了幾個最接近佛陀的代表來負責背誦、回憶、鑒定。其中，佛陀十大弟子之一的迦葉

(Mahākasyapa) 是主持人，由他來提問；佛陀的堂弟，一直跟隨佛陀二十五年，號稱"多聞第一"的阿難 (Ānanda) 負責背誦佛陀的演說、言談、教導；號稱"持律第一"的優婆離 (Upāli) 負責背誦佛陀一生宣佈的各種紀律。背誦時大家提出質問、疑問，如沒有意見了就算通過，承認是佛陀的言論。其中阿難背誦的那一部分，就是"經"(Sutta)；優婆離背誦的那一部分，就是"律"(Vinaya)；此外，還有一部分解釋和闡發佛陀思想的叫做"論"(Abhidamma)，但"論"不是這次大會上背誦出來的，而是後來陸續產生的。這經、律、論就是後來所謂的"三藏"(Tipi taka)。"藏"(Pi taka) 的意思是竹篋，用"藏"來指佛教典籍，一來是指它如竹篋可以把典籍全數裝入，好像是"全書"；二來是指代代相傳，據説古印度人挖土時習慣用竹篋盛土一一傳遞，所以用"藏"有相傳延續之意。

觀無量壽經變

傳說，第一次結集之後，又過了一百年，由於有的佛教徒尤其是東部跋耆族僧人戒律鬆弛，接受金錢財物佈施，以耶舍（Yaśa）為首的一部分人提出異議，引起了佛教內部的爭議，於是以耶舍為代表的七百比丘就在毗舍離城（Vaiśāli）組織了第二次結集，主要是重新審定、規範僧侶生活紀律的律藏。但據現存斯里蘭卡最早的巴利文佛教歷史文獻《島史》說，跋耆族僧人也組織了“萬人大結集”，他們修改了三藏，而且在其中添加了不少內容。由於這次結集與爭辯，佛教分成了耶舍為首的上座部和跋耆族為主的大眾部。

　　大約又過了百餘年，這時佛教分裂成各種複雜的派別。各種派別也各有不少著作，這些著作都宣稱是佛陀遺說。為了清理門戶和典籍，得到孔雀王朝阿育王支持的上座部的一派，由國師目犍連子帝須（Moggaliputtatissa）主持，召集了一千比丘進行了第三次結集。這次結集主要是重新誦出“法藏”即《阿含部》經典，清除摻雜的各種邪門外道如婆羅門數論（sāmkhya）。據說，這次結集是在華氏城（Pataliputra）舉行的，時間約在公元前 237 年（一說是在釋迦牟尼逝世後 236 年）。

　　但是，結集仍在繼續，據《大唐西域記》卷三記載，還有第四次結集。那是在釋迦牟尼逝世五百年左右，貴霜帝國的迦膩色迦王根據脅尊者比丘的建議，在迦濕彌羅（今克什米爾一帶）又召集了以世友（Vasumitra）為首的五百人，整理三藏。他們先作《鄔波第鑠論》釋經藏，次作《毗奈耶毗婆沙論》釋律藏，再作《阿毗達磨毗婆沙論》釋論藏，這樣佛教三藏就基本定型了。這時大約已在公元 1 世紀，相當於中國的西漢東漢之際，正是佛教傳入中國的時代。

那麼，這逐漸定型的佛教三藏有些甚麼內容呢？前面我們說到是經、律、論。

"經"，顧名思義就是經典，是聖人釋迦牟尼的思想和言論。在早期的經藏中，大約有五大類，一是"長阿含"（Dirgha Ãgamas，"阿含"的意思是集，即佛的言教集），這一類包括三十部左右篇幅最長的經典；二是"中阿含"（Medhyama Ãgamas），包括約一百五十部中等長度的經典和一些短小的經典；三是"雜阿含"（Samyukta Ãgamas），分類編排，包括千餘部雜而小的經典；四是"增一阿含"（Ekotara Ãgamas），包括數百部經典，按"四禪定""八正道""十障"等十一個門類分類編排；五是"小阿含"（Ksudraka Ãgamas），又稱"雜事阿含"，這部分經典大多短小精悍。上述五類阿含中，前四類漢譯佛經都有，唯有小阿含一部，漢譯佛經中沒有，只有零星譯本，如《法句經》。但有學者指出，如果討論早期佛教，這部分恰恰很值得注意，因為它的一些經典來源很古老，像《經集》《犀角頌》《彼岸經》《西羅頌》《長老頌》《牟尼頌》等，都是研究早期佛教思想的重要資料。五阿含是早期經藏的基礎，但是應當注意，現在佛教藏經中的"經"，早已不止是五阿含了，它遠遠多於五阿含，膨脹了好多。

"律"，指的是佛教的戒律。律藏在巴利文等佛藏中分成三個部分，一是分別部（Sutta Vibhaṅga）的"戒"；二是犍度部（Khandhaka）僧團的各種制度"律"；三是附篇（Parivāra），是對戒、律的解釋。據《有部毗奈耶》卷九說，戒、律不同，戒是僧俗共同遵守的紀律，律是專為出家人規定的制度，但後來就界限不清了，漢譯佛藏中沒有甚麼嚴格分別，也沒有保留巴利文、梵文藏經的格式，各種律藏內容散見於《四分律》《五分律》《十誦律》《摩訶僧祇律》等書中。

"論"，是論述與解釋。佛教有一系列根本的思想概念，這些概念叫"本母"，論述和解釋這些本母的叫"阿毗達磨"（Abhidhamma），又叫"阿毗曇""毗曇"。"阿毗"是殊勝、無比之意，"達磨"是佛法、教法之意，合起來就是"非常超絕的佛法"。這種解釋與論述據說在佛陀生前就有，但大多是佛陀去世後的著述。據一些學者考證，早期的論大約有七八種，如《集異門足論》《無問論》《發趣論》等，其中如《集異門足論》共有二百餘題，每題下包括一至十一種法，大部分是以經解經，可能是最早的阿毗達磨（巴利文佛藏代之以《法聚論》），但後期佛藏以及漢譯佛典中，論就多得多了，像龍樹、馬鳴、世親、陳那的各種論著，就是後世的著作。

以上就是佛教三藏的基本內容，這些佛教著作在公元 2 世紀後陸陸續續傳入中國，中國本土的僧人也陸陸續續撰寫了不少著作添入其中，所以漢譯佛典保存了相當多的印度佛教著作，漢文大藏經又比印度古佛藏擴展了許多。在《中華大藏經》還未普及的時候，最常用的漢文藏經是日本的《大正新修大藏經》（簡稱《大正藏》），共收 1460 部 4225 卷佛教經典及著述。當然，它也沒有把所有的佛書都囊括進去，仍有不少遺漏，例如敦煌新出的各種佛教著述仍未收錄完備，散佚在各處後來陸續面世的漢文佛教著述尚未能收錄入內等等。所以還需要注意使用《續藏經》，日本人從 20 世紀初起編纂的《續藏經》，全名叫《大藏新纂卍續藏經》，一共九十冊，其中尤其值得重視的是唐宋以後中國佛教徒撰述的著作。

二、佛經的基本思想

佛教經典有極其豐富的內容，這裏不可能把它們一一表述出來，但其中最核心的思想，卻可以用幾組互相關聯的概念來簡略地表示。如果大家有興趣，也可以參看我的《古代中國文化講義》。

首先是"十二因緣"。在佛教看來，人生是一個流轉循環的苦難過程，這個過程可以用"無明""行""識""名色""六處""觸""受""愛""取""有""生""老死"來概括。甚麼是"無明"呢？就是愚昧無知。為甚麼會有愚昧無知呢？是因為"行"，行就是人的身、心活動充滿了慾望，而且有行動的可能。為甚麼人要有慾念與行為呢？是因為"識"，識指人的認知能力，人對外界有了認知能力就會驅使行為和慾望。為甚麼人會有這種認知能力？是由於外界事物有"名色"，有名（概念）色（現象）的事物似真實假，使人奔趨追求。為甚麼本是空幻假相的外界現象，會使人以假作真呢？因為人有"六處"，也就是人與生俱來就有的眼、鼻、耳、舌、身、意六種感覺器官。這六種感覺器官為甚麼會向人提供外在世界的假相呢？是因為"觸"，即感官與外緣合和。而接觸之後為甚麼會有種種感覺呢？是因為人天生有苦、樂、不苦不樂的（感）"受"。之所以有"受"，是由於人心靈深處有"愛"，也就是貪慾。貪慾使人"取"，也就是執着地追求與攫取，而"取"又導致了觀念的變化，本來空幻的現象世界，這下子就彷彿成了真實的，"無"變成了"有"，於是，人也就墮入"有"之中，招致三世報應。由於有，人就生存在一個自己主觀構成的世界中成為"生"，但是，有生就有死，有幼便有老，於是，等待人的就是最後的"老死"。

可以看出，這裏有一個樞紐式的關節點即"愛"。這"愛"不是戀愛、慈愛、友愛等具體的感情，而是指人類與生俱來根深蒂固的慾望。這種慾望像一把雙刃劍，一面使人陷於鏡花水月的假相中，愚昧無知地追求"真"；一面使人弄假成真地困頓於生死之中。因而為了打消這種慾望，佛教又提出了"四諦"的概念。據說，當年釋迦牟尼苦苦思索，終於悟出的真理就是這"四諦"。"諦"就是真理的意思，這四條真理就是四個字——"苦""集""滅""道"。

所謂"苦諦"，是指世俗世界的一切都是苦難，生也苦，死也苦，累也苦，閒也苦，貧窮的苦，富足的也苦，在佛教看來這世界彷彿黃連水泡透了的世界，沒有一個人能逃出其外。所謂"集諦"，是指造成這種苦難的原因，前面說過，佛教認為，人世之所以苦是因為人有"無明"、有"愛"，因此引起了心靈的苦惱與肉體的生死，這一切集起了各種苦。所謂"滅諦"，是說斷滅世間各種苦難。

怎樣斷滅？下面再說，但斷滅苦難的根源也就是消除心底的慾望是最重要的，這是佛教修行的核心，一旦斷滅慾念，也就解脫了。所謂"道諦"，就是指斬斷了煩惱根源後超越世俗，從而達到無喜無怒、寂靜恬樂的涅槃境界。

問題是，從"苦"到"道"，也就是從煩惱世界到涅槃境界，應該如何走？僅僅指出苦難現象的存在和解脫目標的存在是不夠的，必須告訴人們如何達到理想，這才是宗教的責任。於是，佛教又提出了"離苦趨樂"的三大途徑，也就是著名的佛教三學——"戒""定""慧"。"戒"是節制，是用外在的紀律、規範對自己的語言（口）、行為（身）、思想（意）進行強制性約束，比如戒殺生、戒惡語傷人、戒淫慾、過僧侶生活等，以此來克制人們與生俱來的"無明"，達到身心俱淨。"定"是以內在心靈的寧靜來消除自身的慾念，用內在自覺的約束力量抵禦外在的誘惑。比如收心斂性的入定、靜坐、觀心等，佛教認為這能消除內心的煩惱焦慮。"慧"指智慧，即以理性的智慧對人生因果進行反思與分析。比如從"一切皆空"出發思考偏執的謬誤，從"三界唯心"出發分析面前現象的空幻，從而達到一種洞察宇宙與人生本質奧秘的解悟。

據說，釋迦牟尼在尼連禪河畔畢缽羅樹下所覺悟的，就是以十二因緣、四諦、三學為核心的思想，後來佛教千變萬化，其基本內核仍是這些觀念，佛經說法無數，大體也是圍繞這些觀念展開的。例如"戒""定""慧"三學便在中國衍生出種種不同派別，側重戒學者如律宗，側重定學者如禪宗、天台宗，側重慧學者如唯識宗等等。當然，各宗雖各有側重，但大體上並不偏廢，因為它們的目標仍是一個，即通過慾望的消除和心靈的寧靜，得到超越的智慧，尋求解脫人生苦難而到達理想彼岸。

三、《心經》來歷之謎

佛教逐漸發展，理論也越發精緻。對中國影響最大的大乘佛教思想於漢魏以後逐漸傳入漢地，很多大乘經典也陸續被譯成漢文。這裏面，大乘般若學說尤其引起了中國人的興趣，因為般若學中有關"空"的思想和流行於文人士大夫間的老莊"無"的思想很相似，所以，它的經典就被一而再再而三地翻譯。從東漢末支讖譯《道行般若經》以來，西晉竺叔蘭和無羅叉譯有《放光般若經》，竺法護譯有《光讚般若經》，後秦鳩摩羅什譯有《摩訶般若波羅蜜經》《小品般若波羅蜜經》，這些都譯自《八千頌般若》（Astasahasrikāprjñāpāarimitā）。由於這些譯本都是節譯，所以到了唐代，曾到印度取經留學的玄奘就用了極大精力，重譯了一部長達六百卷（在《大正藏》八十五冊中它佔了三冊）的《大般若波羅蜜多經》。

但是，這些經內容深奧、文字繁多，難以卒讀，所以使人望而生畏，反倒不如短小精悍的一些小部頭經典那麼流行。中國人從來就有一種"化約主義"的閱讀習慣，對於唯識、般若一類大部頭經典和繁瑣的義理往往不能通讀，而對於那些簡化過了的小部頭經典和玄虛的意思倒常常反覆詠誦，於是，一些短篇經典就流行開來，其中最有影響的就是《金剛經》和這裏我們要談的《心經》。

　　《心經》在中國曾有過十一種譯本，現在流傳下來七種，除了流行最廣的玄奘譯本外，還有舊題鳩摩羅什譯的《摩訶般若波羅蜜大明咒經》，唐代般若共利言、智慧輪、法成等人的譯本及唐代不空金剛（不空三藏法師）、宋代慈賢等人的梵漢音譯本。在唐代，它是為僧俗兩界共同奉為經典的讀本。通常，人們都認為它是大乘般若學的著作，是從《般若經》中截取或摘要而成的，尤其是玄奘既譯《大般若波羅蜜多經》六百卷，又譯《般若波羅蜜多心經》，人們就更有理由相信這是玄奘為了便於人們閱讀而簡化的一部袖珍般若經典，當然它也就是顯教（所謂佛陀公開宣說之教）的作品而不是密教（佛如來秘密傳授之教）的作品。這種說法有其文獻上的根據，因為《心經》裏的不少文字，如核心的“色不異空，空不異色，色即是空，空即是色，受、想、行、識，亦復如是”；“諸法空相，不生不滅，不垢不淨，不增不減”等，都能在般若一系的經典中找到。例如《放光般若經》卷一《假號品第三》有“色與空等無異，所以者何？色則是空，空則是色，痛想行識則亦是空”；《無見品第二》有“五陰則是空，空則是五陰……其實亦不生亦不滅，亦無著亦無斷”，從文字到思想都可以看出一脈相承的痕跡。

　　可是，也有學者認為它是密教的著作，根據是它的末尾有“揭帝揭帝，般羅揭帝，般羅僧揭帝，菩提娑婆訶”的咒文。據《陀羅尼集經》卷三說，這是名叫“般若大心陀羅尼”的密教咒語，“是咒功力不可思議，亦能救拔生死大苦，如是神咒，過現未來諸佛共說。"日本學者福井文雅就説，這段可以譯為"往者往者，前往彼岸，完全到達彼岸者，覺悟罷，幸福罷"的陀羅尼咒是《心經》的核心，所以，它應該是密教的作品。這種説法也有一些文獻上的依據，因為從現存幾種梵漢音譯本《心經》（如敦煌本不空譯本、房山石經本慈賢譯本）來看，經文中插入多句的號碼和二合等標記就是密教陀羅尼音譯時才有的特徵。

究竟是顯，是密？現在還難以判斷。這部流行極廣的、在中國被奉為寶典的佛經，竟然查不出它的家譜，搞不清它的來歷，這對於向來習慣於追根溯源、驗明正身的中國人來説，實在讓人覺得詭異和奇怪。

石刻浮雕佛像

四、《心經》思想的闡釋

《西遊記》裏唐三藏説得很對：“（佛教）千經萬典，也只是修心。”無論“戒”也好，“定”也好，“慧”也好，根本一條就是要使人的心靈達到一種無我無慾的境界。可是，人怎樣才能真正地相信心靈應該是無我無慾的呢？

佛經中有無數著作都在進行這一分析，其中大乘般若學説關於“空”的分析最引人注意。甚麼是“空”呢？簡單地説，第一，就是宇宙中一切事物與現象都是沒有“自性”的虛幻假相，所謂“四大（地、水、火、風四種構成宇宙萬物的基本元素）皆空”，所謂“如夢如幻、如泡如影”等人們常説的話頭就是這個意思；第二，“空”又是一切事物（包括宇宙在內）的本原與本質，“有”只是從“空”中產生的，由因緣和合而生的假有，一切“有”終歸要回到“空”，所以説“空中來，空中去”，又説“萬法歸一，一歸於空”；第三，“空”與“色”（現象）是一不二，“色”是假幻之相，所以是空，“空”不可見不可聞，而以假相“色”顯示，洞察“色即是空”即可明白“空不異色”，而且“空”本身一旦形諸思維與語言，那麼它也是“空”，所以説“空即是色，色即是空”。明白了這一道理，人就不應當有任何執着的慾念和思想。這就好比看電影，你若當真，則替古人落淚，陪角色傷心，時而哭，時而笑，跟着煩惱，跟着歡喜，耗盡了心力，卻依然“竹籃打水一場空”。若是你明白這只不過是假相，則任憑風浪起，隨他演甚麼，只是“心如止水”，平靜如常，甚麼也不浪費，包括你的生命。明白了這一道理，就會對生死抱一種平常心態，對榮辱懷一種淡泊態度，生是假皮囊，死是脫皮囊，榮是鏡中花，辱是水中月，終歸是一場南柯夢。明白了這一道理，就能夠保持"無我無慾，自然清淨"的心靈境界，達到徹底的覺悟和解脫。《佛說聖法印經》說："無我無慾心則休息，自然清淨而得解脫，是名曰空。"

《般若波羅蜜多心經》就是這一思想的精緻提綱，雖然它只有二百六十來字，但卻極巧妙地濃縮和概括了這一理論。它先假借觀自在菩薩和舍利子的對話指出，"行深般若波羅蜜多時"，可以"照見五蘊（即'五陰'，指色、受、想、行、識）皆空，度一切苦厄"，然後直截了當指出："色不異空，空不異色，色即是空，空即是色，受、想、行、識，亦復如是。"然後又解釋萬法的本質是空，那些生滅、垢淨、增減的現象，表面儘管實在，但根本也都屬虛妄，所以，從"空"的角度去看，色、受、想、行、識及它們的感覺之根"眼、耳、鼻、舌、身、意"及六根對應的"色、聲、香、味、觸、法"，都是沒有真實自性的，所以，也沒有甚麼十二因緣、甚麼四聖諦。如果悟透了這種"空"，用這種智慧使自己到達彼岸，就可以一帆風順。為甚麼呢？因為一切是空，"心無罣礙"，心裏沒有雜念、疑慮和障礙，也就"無有恐怖，遠離顛倒夢想"，於是"究竟涅槃"。

表面上看去，它和早期佛教已經相差太遠了，連"四聖諦""十二因緣"都否定了，接下去自然要否定"三學"，但實際上它與佛教早期思想仍保持着基本理路的延續，這基本理路就是對外在現象世界的否定及對內在心靈世界的修持。至於它和早期佛教思想的差異，正好是大乘般若學說對早期佛教思想的修正與發展，其中最值得指出的是以下三方面：

第一，它擺脫了早期佛教理論分裂以至於難以自圓其說的弊端。早期佛教一面認定世界是虛假的，但一面承認人生苦難是真實的，這就使本體論和人生論的內在思路不能彼此支持，也難以溝通。既然世界是幻相，那人生苦難也是幻相；如果人生苦難是實在的，那麼世界也應該是實在的，般若學說以徹底的空打通了本體論和人生論的內在思路，指出"色不異空，空不異色，色即是空，空即是色，受、想、行、識，亦復如是"，並指出一切皆空，這樣矛盾自然消解。

第二，既然一切皆空，人生苦難自然也是虛妄，造成苦難的五陰、六入也是虛妄。過去為了解脫苦難，要苦苦持戒、凝心入定、勤學得慧，弄得人很難過、很拘束，也使解脫之路顯得十分遙遠漫長，但這裏卻說，一切皆是虛妄幻相，既無"無明"也無"老死"，既無"苦集滅道"也無智慧收穫，所以根本無須苦修苦行，只要一念之下在靈魂深處了悟一切空相，就可以達到"心無罣礙""遠離顛倒夢想"的涅槃境界，所以就給中國士大夫文人的修行打開了新的方便途徑，避免了尋求彼岸的痛苦，也給中國禪宗思想提供了經典依據，促成了中國化佛教思想的誕生。同時，也徹底地消解了佛教中的彼岸世界，因為它將有形的修行目標（淨土、蓮花藏、西天佛國、肉身成佛、不死還魂等等）一概否定，換成了"悟空"式的心靈頓悟境界。這樣不僅免去了實證指認的困難，也除去了佛教中宗教化的成分，把修行實踐變成了自我覺悟。於是，它成了瀟灑、自然、高雅的士大夫文人所崇信的一種信仰。

第三，在它這裏，中國佛教逐漸形成了一個獨特的理論邏輯體系，這個邏輯體系也是三段論式的。首先，一切皆空，現象界的一切都是虛妄；其次，既然一切皆是虛妄，那麼是非善惡、快樂煩惱都是虛妄，生老病死、犯戒修行也都是虛妄；最後，既然這些都是虛妄，那麼無須苦苦修持，只要領悟這一道理，此岸就是彼岸，人間即是天堂。

這裏需要指出的是，這種徹底的空觀，其實也可能瓦解作為宗教的佛教本身。既然一切皆空，那麼無須修持，這就取消了佛教存在的理由；既然一切皆空，那麼無須信仰，這就動搖了佛教自身的威信。特別是當禪宗進一步放大這種觀念，把這一思路再往前推，就出現了呵佛罵祖、破棄經論，甚至放縱恣肆的現象。固然，這種思路刺激了自由個性的伸張，但是它走向極端時，也容易導致人生終極意義的失落和人生道德規範的破壞。宗教一旦失去了人們的信仰與敬畏，它就失去了"收拾一片人心"的能力，這一點在中國思想史上是有前車之鑒的，而其開端與樞紐，也許正在《心經》所代表的大乘般若之學。

【文獻選讀】

《般若波羅蜜多心經》（唐三藏法師玄奘譯本）

觀自在菩薩，行深般若波羅蜜多時，照見五蘊皆空，度一切苦厄。舍利子！色不異空，空不異色；色即是空，空即是色；受、想、行、識，亦復如是。舍利子！是諸法空相，不生不滅，不垢不淨，不增不減。是故空中無色，無受、想、行、識，無眼、耳、鼻、舌、身、意，無色、聲、香、味、觸、法，無眼界，乃至無意識界。無無明，亦無無明盡，乃至無老死，亦無老死盡，無苦、集、滅、道。無智亦無得。以無所得故，菩提薩埵，依般若波羅蜜多故，心無罣礙，無罣礙故，無有恐怖，遠離顛倒夢想，究竟涅槃。三世諸佛，依般若波羅蜜多故，得阿耨多羅三藐三菩提。故知般若波羅蜜多，是大神咒，是大明咒，是無上咒，是無等等咒，能除一切苦，真實不虛。

故說般若波羅蜜多咒，即說咒曰：揭諦揭諦，波羅揭諦，波羅僧揭諦，菩提薩婆呵。

【參考書目】

1. 《般若波羅蜜多心經還源述》，闕名，《大正藏》第八十五卷，台灣新文豐出版公司影印，1974。

2. 《夾注波羅蜜多心經》，同上。

3. 《般若心經注講》，【清】行敏撰，《續藏經》第九十二冊，台灣新文豐出版公司，1977。

《壇經》：中國禪的宣言

> 一個不識字的嶺南樵夫，口燦蓮花說了一些經驗，經驗記錄成一番道理，這番道理，成就了一部叫做《壇經》的中國佛教寶典。細細地讀，靜靜地聽，彷彿一個聲音在說，你的心靈和佛陀一樣澄切，它不是明鏡，也沒有灰塵，只要放下心來享受自然，剎那間宇宙就在你的心中。

禪師對話中有一個著名問題是"如何是佛祖西來意"？大凡有一點佛教常識的人都知道，佛祖是"西方聖人"，這"西方"不是指歐美等現代意義上的西方，而是指今印度、尼泊爾一帶。因為佛祖是那一帶的人，佛教據說也是經過西域輾轉傳到中國來的，所以通常所說的佛經也自然是"西方"著作。"經"這個字可不是隨隨便便哪一本書都可以安上的，至少得是佛祖所說或佛祖認可的書才能叫"佛經"，雖然後來也有佛門弟子借了佛陀名義，加上個"如是我聞"而編的經，但畢竟都是西方之書，沒有哪一個東土和尚寫的書可以叫"經"的。然而，偏偏唐代就出了這麼一部稱作"經"的東土和尚著作，這就是《壇經》。它叫"經"不但被大家默認，而且還被放在了比許許多多佛經還高的位置頂禮膜拜，你說奇怪不奇怪？

其實一點兒也不奇怪，因為它對於中國佛教來說實在太重要了。通常，和尚誦的都是西來佛典，就算是中國和尚開宗立派，也大多要依傍一種或幾種天竺佛經。像淨土宗背靠《阿彌陀經》《無量壽經》《觀無量壽經》，法相宗背靠"六經十一論"，華嚴宗則背靠《華嚴經》，三論宗背靠龍樹《中論》《十二門論》和提婆《百論》，天台宗背靠《妙法蓮華經》，律宗則背靠法藏部《四分律》，就連宣稱"以心傳心"的早期禪宗，也得借用一部《楞伽經》。可是，中國禪宗（主要指南宗禪）卻不依傍任何經典，只把中國人自己造的這部《壇經》看作傳法寶典，當然它也有資格稱作"經"了。再說，《壇經》以一整套有關佛性、有關修行途徑、有關領悟境界的思想，開創了純粹中國化的佛教，影響了中國人尤其是中國文人一千多年，很多佛經都比不上它，它不稱"經"又稱甚麼？

於是，我們在這裏要向大家介紹《壇經》。不過在談論《壇經》之前，要先敍述一下從印度禪到中國禪的簡要過程，就好比聽書要先有個"引子"，背景是忽略不得的。

一、從印度禪到中國禪

"禪"是梵語 dhyāna 的音譯，意譯就得譯成"思維修"，其語根 dhy（dhyai）的意思就是"持思"即深思靜慮。很多人把"禪定"連稱，其實嚴格地說，兩者並不完全等同，"禪"屬思慮而"定"歸三昧，"三昧"（samādhi）是一種與肉體無關的純粹精神凝注狀態，它和"禪"（dhyāna）的差別即在於涉不涉及肉身的修煉，但後來二者混合在一起，人們就習慣於把"禪定"視為一種由心注一境、深思靜慮而達到身心空寂的修行方法了。

在印度早期《瑜伽經》裏記有八種修行方法，叫做"瑜伽八支實修法"，其中第七種就是禪，第八種就是三昧。據說禪法經過四個階段，能超越苦樂，達到純粹的心物一如的境界（四禪達"捨念清淨地"），"三昧"則能照物心空，"心如空虛，對境方輝"，《大毗婆沙論》說它是"持平等心，使專一境"，《俱舍論》也說"三摩地（即'三昧'的另一音譯）謂心一境性"。總而言之，禪也罷，定也罷，都是使身心清淨達到超越境界的一種實踐性方法。若要細說的話，那麼還要講到結跏趺坐的姿勢，以及數息、唸佛、慈悲、不淨、因緣等各種調息調心的法門。

這種實踐性的修行方法來歷比佛教還早，後來被佛教所接受，又隨佛教逐漸傳入中國，在東漢安世高譯《安般守意經》、佚名譯《禪要經》、西晉竺法護譯《修行道地經》、姚秦鳩摩羅什譯《坐禪三昧法門經》等書之後，中土和尚就很懂得"禪"的方法了。有人用觀想佛陀相好莊嚴的"觀佛"法來摧毀心中的雜念，有人用靜數脈動呼吸的"數息"法來求得身心的安泰，有人用摒息慾念，觀想真如法界一相的"一行"法來使精神達到超越。但"禪"畢竟還是一種實踐性的修行方法，儘管它是佛門三學"戒、定、慧"之一，但它總是手段而不是目的，是一種方法而不是整個體系，正如中唐的圭峰宗密（780－841年）在《禪源諸詮集都序》卷一所說的："達摩未到，古來諸家所解，皆是前四禪八定。諸高僧修之皆得功用……然其趣入門戶次第，亦只是前之諸禪行相。"

【明】宋旭繪《達摩面壁圖》

　　那麼，達摩 —— 也就是被公認為中國禪宗第一祖師的菩提達摩 —— 來了之後又怎麼樣呢？毫無疑問，達摩開創了以禪為核心的一個宗派，突出了禪在"戒、定、慧"中的首要意義，但是他的理論體系還不夠嚴密，思想理路還不很清晰，他的"大乘安心之法"基本上還沒有擺脫印度禪的格局。在現存唯一可信的達摩思想資料《二入四行論》裏，我們可以看到，他主要提倡的是"理入"和"行入"兩種方式。所謂"理入"就是依據《楞伽經》等經典的某些思想，理解眾生皆有佛性，只是被"客塵"（佛教對由外在世界引起的感覺、知覺、慾念、理性的稱呼）所覆蓋，所以不能達到超越和永恆的清淨境界，因而要"捨妄歸真，凝住壁觀"，以進入"無自無他，凡聖等一"的狀態。所謂"行入"包括"報怨行"（如懺悔、忍辱、無怨等），"隨緣行"（如對毀譽成敗等閒視之、漠然處之），"無所求行"（如形隨運轉、安心無為），"稱法行"（如攝化眾生、自利利他），大體上仍是頭陀修行的老套子，修行之路很艱苦也很漫長。

在早期禪宗幾位祖師那裏，以下幾個問題始終未能得到圓滿解決：第一，佛性與人性的溝通。如果佛性始終是絕對清淨光明而人性永遠是齷齪卑下的，那麼，承認"含生同一真性"就成了一句空話，因為人畢竟是人，人很難真正達到徹底的"無自無他，凡聖等一"境界。第二，如果從人性到佛性橫亘着這樣的天塹，那麼"凝住壁觀"也就是禪定，只是一種使心思專一地體驗"凡聖等一"，外界一切如被石壁隔絕而不能入侵的方法，它只能解決一時間摒息妄念的問題，而不能使自己的心靈永遠立於佛陀境界。第三，"理入"也罷，"行入"也罷，由於人性與佛性相去甚遠，因而只能漸漸修行逐步趨近，卻永遠也不可能"一步即達佛地"；相反，那境界彷彿是可望而不可即的咫尺天涯，修行過程的艱難可能使人望而卻步。

從達摩、慧可、僧璨、道信到弘忍，傳說中，禪宗傳了五代之後，已是唐高宗咸亨年間（670－674）。這時，五祖弘忍（602－675年）在蘄州的東山法門非常興盛，他的門下弟子極多，像後來開成都淨眾禪的智詵（609－702年）、承五祖法門的法如（637－689年）、被武則天崇拜的道安（約584－708年之間）、開北宗禪一派的神秀（約 606–706 年）等，都是出類拔萃的禪師。但據說五祖弘忍看中並傳衣缽的，卻是一個南方來的，尚未受具戒，只是在碓房勞動的中年漢子，這就是大字不識的惠能。

這當然是南宗禪所編的傳法故事。據南宗禪的說法，惠能本姓盧，是新州（今廣東新興）一個樵夫，早年喪父，他賣柴侍養老母，一天忽聽一人讀《金剛經》，心下大悟，就到蘄州黃梅縣去參拜弘忍，弘忍讓他在碓房踏碓。八個月後，弘忍為傳衣法，讓門下大眾各寫一首表現自己所領悟禪旨的偈語，大眾都覺得，五祖門下繼承衣缽者非神秀莫屬，所以都不敢寫偈，只有神秀寫下了一首偈語並寫於南廊中壁上：

> 身是菩提樹，
>
> 心如明鏡台。
>
> 時時勤拂拭，
>
> 莫使有塵埃。

這首偈語得到五祖弘忍的稱讚，說："依此修行，不墮三惡，依法修行，有大利益。"並讓門下眾人在偈前焚香，盡誦此偈，"汝等盡誦此偈者方得見性，依此修行，即不墮落。"但私下裏又對神秀說，你這首偈語見解還未到家，"只到門前，尚未得入"，讓他再想上一兩天，重寫一首偈語來，但神秀苦思冥想了好幾天，卻始終作不出來。不料，這時惠能在碓房聽說此事，便挺身而出，也作了兩首偈語，並請人寫在南廊西壁上，偈語說：

菩提本無樹，

明鏡亦非台。

佛性常清淨，

何處有塵埃。

心是菩提樹，

身為明鏡台。

明鏡本清淨，

何處染塵埃。

　　弘忍看了這兩首偈語，知道惠能深悟禪旨，便悄悄地把惠能召到自己住處，給他講授《金剛經》，並將"頓法"和象徵領袖地位的袈裟傳給了他，說："汝為六代祖。將衣為信稟，代代相傳，法以心傳心，當令自悟。"為防止有人害他，當夜三更就把惠能送往南方。惠能經歷了許多磨難，終於在南方開創了以"頓悟"為宗旨的禪宗南宗。由於他的弟子以及再傳弟子很厲害，後來南宗取得了正宗地位並風靡中晚唐，惠能也就被尊為五祖弘忍的正式接班人即"東土第六祖"。這當然都是傳說。

　　據傳《壇經》就是惠能在韶州（今廣東曲江）大梵寺說法的記錄。現在可知最早的《壇經》，是他的弟子法海整理的，它有個很長的名字叫《南宗頓教最上大乘摩訶般若波羅蜜經六祖惠能大師於韶州大梵寺施法壇經》。相傳惠能在南方為躲避同門追索衣法的迫害，曾在山中隱匿多年，混跡於獵戶、樵夫之中，直到儀鳳元年（676），到了廣州法性寺，以一則"風也不動，幡也不動，是仁者心動"的話頭震驚四座，才又開始他的傳法生涯。他先後在廣州法性寺、韶州大梵寺、曹溪寶林寺等地為人說法，《壇經》就是在韶州開壇說法的記錄。

那麼，從達摩以來歷代承襲印度禪而未能解決的理路矛盾，在惠能這裏是否得到了解決呢？應該說，是部分得到了解決的。正因為如此，惠能才能開創中國化的佛教即禪宗南宗。那麼，他又是如何解決這些理路上的矛盾的呢？我們要了解這一問題，就要對《壇經》進行一番研究。

二、《壇經》解說

現在發現的《壇經》版本很多，我們這裏依據較早的，也是較接近惠能說法本義的敦煌本來討論《壇經》的思想。

從表面上看來，《壇經》並沒有對達摩到弘忍以來早期禪宗佛性思想做多大的變動。達摩認為"含生同一真性"，慧可則說心靈一旦"豁然自悟"便是"真珠"（《續高僧傳》卷十六《慧可傳》），弘忍也說："身心本來清淨……眾生身中有金剛佛性"（《最上乘論》），都是沿襲《大般涅槃經》"一切眾生悉有佛性"以及《楞伽經》"如來藏自性清淨……在於一切眾生心中"的說法，而惠能偈語裏說的"佛性常清淨""明鏡本清淨"和《壇經》第十二節說的"菩提般若之知，世人本自有之"，其實也是這個意思。就連他的弟子，傳説中最"革命"的神會，也還是堅持這一主張，《神會語錄》中就説："眾生心是佛心，佛心是眾生心。"

但是，早期禪宗祖師雖然承認眾生都有清淨的真心或佛性，卻又認定這個"真心"和"佛性"被"客塵"污染了。用《入楞伽經》卷三的話來説，就是被人心中"貪嗔癡不實垢染陰界"所糾纏，"如無價寶，垢衣所纏"；用弘忍《最上乘論》的話來説，就好像青天一片，"為五陰黑雲之所覆"。這些污染人心的"垢衣""黑雲"既來自人心中，又來自外界諸緣，所以，修行者要同時開闢內外兩道防線，一則抵禦外來客塵的侵入，一則防止內在心靈的騷動，正如神秀偈語所説，要"時時勤拂拭，莫使有塵埃。"

正是在這一點上，惠能開始顯示出他與早期禪宗祖師的差異。《壇經》第十二節在肯定"菩提般若之知，世人本自有之"之後，即提出"迷"和"悟"的差別在一個"心"內。通常，人們"即緣心迷，不能自悟，須求大善知識示道見性"，就是説，想解脱心魔，得有人幫忙。誰呢？就是佛教法師、禪師或律師，但是，如果有人能夠一下子明白"自心即是佛性"，那麼，就可以在一刹那間打通人性與佛性，這就叫"悟人頓修，自識本心，自見本性，悟即元無差別，不悟即長劫輪迴"（《壇經》第十六節），這人就自己覺悟和解脱了。惠能認為"定"（禪定淨心）和"慧"（智慧洞察）實際上是一樣的，就好像燈和光一樣，"有燈即有光，無燈即無光"，並不需要一面"禪定淨心"，一面"智慧洞察"，弄得兩面作戰，既防外塵污染，又防心性縱逸。只要自家心裏一念之轉，認識到"自性即佛性"，就可以對"客塵"不加理會，只需守住自心，"於一切法不取不捨，即見性成佛道"（《壇經》第二十七節）。

　　那麼，怎樣守住或發掘自心這個"寶藏"呢？惠能提出，無須向外求佛，也無須向內求淨，只要自覺地以"無念為宗，無相為體，無住為本"，就可以使自心超越一切分別，達到佛陀境界。所謂"無念"，即心靈不存有任何念想；所謂"無相"，即心靈不執着於任何形相；所謂"無住"，即心靈不滯留於任何思想。惠能認為，儘管人常面對外在世界，但只要這樣就可以"不染萬境而常自在"。根據這種純心理經驗的說法，惠能對禪宗的核心概念"坐禪"做了一個新的解釋。坐禪再也不是結跏趺坐、住心看淨式的身心修煉了，而是一種純粹內在的體驗，"一切無礙，外於一切境界上念不起為'坐'，見本性不亂為'禪'"。而禪定的內容也成了"外離相""內不亂"（《壇經》第十八、十九節），而不再是強分真、妄、淨、染的"凝守此心，妄念不生"了。因為"起心看淨，卻生淨妄……淨無形相，卻立淨相，言是功夫，作此見者，障自本性，卻被淨縛"（《壇經》第十八節）。就是說，過去修禪者，一面說"佛性清淨"，一面又說"客塵污染"，於是要用心入定以達到淨。但這樣一來，心靈中有了一個淨與不淨的分別，有分別就有執着，有執着就不再是清淨的佛性了，而且由於有了"淨"與"不淨"的分別，就在心靈中產生了尋求"淨"的焦慮與煩惱，因而心靈反而被"淨"所束縛，就好比你越怕"髒"，就越覺得處處都"髒"，搞得坐也不敢坐，躺也不能躺。

　　惠能認為，要達到真正的自由心靈，只有採取"一行三昧"。甚麼叫"一行三昧"？這是個來自般若系經典的概念，《文殊師利所說摩訶般若波羅蜜經》卷下："法界一相，係緣法界，是名一行三昧。"《放光般若經》卷四:"復有一行三昧,住是三昧者不見諸法有二。"就是説,在心靈中把宇宙萬有、大千世界各種現象都看成一回事,全身心地專注於這無差別境界。這樣,榮與辱、得與失、是與非、有與無,也包括早期禪宗焦慮的淨與不淨差別都不復存在於心中,心中自然"無念""無相""無住",沒有一切束縛,便可以"於一切時中,行住坐臥,常行直心"(《壇經》第十四節),得到真正的自由與解脱。

由於這種"無念""無相""無住"完全是心理體驗,由於"一行三昧"只是觀念轉化,它不涉及許多具體而微的思想、慾念、知識的染、淨分辨,也無須結跏趺坐苦苦修行,它只是觀念與體驗上的轉向與變化。因此,惠能順理成章地提出了著名的"頓悟"説,為了表明這種説法淵源很可靠,《壇經》第三十一節中他説,這是從弘忍那裏學來的:"我於忍和尚處,一聞言下大悟,頓見真如本性,是故將此教法流行後代,令學道者頓悟菩提,令自本性頓悟。"在第二十九節中則自稱"頓教",説一旦入頓教之門,便"不假外修,但於自心,令自本性常起正見"。

以上"自性即佛性","無念、無相、無住"之"一行三昧""頓悟"的三部曲,便是惠能思想的主線,也是《壇經》思想的主線,它貫通了早期禪宗佛性與人性二元對立不能溝通的兩端,泯滅了淨、染之間涇渭分明的界限,也改變了苦苦坐禪、凝心看淨的艱難方式,使人、佛兩端的距離一下子縮短了許多,為人們尤其是富於領悟力,注重精神超越而蔑視身心訓練的士大夫文人提供了方便簡捷而又理致玄遠的入門之路。正因為如此,惠能開創的南宗頓悟禪逐漸成了禪宗的主流，受到世俗世界尤其是上層精英的一致歡呼與膜拜。

不過應當説明，惠能與《壇經》也還處於印度禪向中國禪、早期禪宗向成熟禪宗轉軌的中途。在《壇經》中，我們可以看到它還有許多新舊摻雜、自相衝突的説法，特別是在它那裏，"有""空"的矛盾依然存在，《楞伽》和《般若》的扞格仍舊難通。比如説，它一方面用《般若》的"一行三昧"把一切都視為無分別的"一相"或"無相"，"即煩惱是菩提"（第二十六節），另一方面又沿襲習慣説法説："自性常清淨，日月常明，只為雲覆蓋，上明下暗"（第二十節）；一方面引述《摩訶般若波羅蜜經》大講"空"，另一方面又不得不強調"無念、無憶、無着"以防止"有"的入侵（第二十五至二十七節）；一方面認定一念之轉的"自悟本性"是解脱的唯一之路，另一方面又要靠"無相三歸依戒""發願受持"達到"不退菩提"，這樣便顯出了理路仍有生澀矛盾與不夠圓通的毛病。我們知道，《楞伽》是早期禪宗祖師依據的經典，其基本思想是"唯心"（Cittarnātra）。而《般若》是四祖以來逐漸被禪師尊奉的經典，它的基本思想是"空"（sūnya）。這兩者差別很大。當惠能及其他禪師把"色與空無異"等般若系的思想引入佛性論後，就把《楞伽》一系"真如心""如來藏""自心清淨"與"客塵污染""黑雲覆蓋"的二元關係一下子瓦解了，淨、染之間就沒有差異了，煩惱是菩提，菩提也是煩惱；當惠能把"慧不在亂亦不在定，慧不在有常亦不在無常，慧不在苦樂亦不在有我無我，是為菩薩摩訶薩應無所倚"的思想引入境界觀後，就把《楞伽》一系"獨處閑靜觀察"的修行路徑和早期禪師"凝住壁觀""唸佛名令淨心"的修行必要性基礎給拆毀了，只要"起般若觀照……即是自真正善知識，一悟即知佛地"（第三十一節）。但是，惠能《壇經》並沒有能夠把《般若》一系的理路貫穿到底，沒有把否定差別境界的"空"觀和尋求絕對自由的超越放大到一切領域，因而《壇經》還存在着這樣那樣難以自圓其說之處。真正把《般若》與中國老莊道家思想糅合融會，演進成中國士大夫文人所羡仰的自然人生哲理的，是惠能之後，中唐的馬祖道一等禪師的時代了。在那個時代，禪宗才徹底地由印度禪變成了中國禪。至於惠能與《壇經》，則是這一長達數百年轉變軌道上的重要一環，正是在這裏醞釀出了後世思想史的大變局。

三、圍繞《壇經》的爭論及其他

《壇經》是惠能口説弟子記錄，因而《壇經》的思想當然也就被當作惠能的思想來看待。但是 20 世紀 30 年代初，胡適卻提出一個石破天驚的疑問，《壇經》真是惠能的思想嗎？經過一番考證，他下了一個同樣驚人的結論，《壇經》是惠能弟子神會所作。在他的《荷澤大師神會傳》裏説道：

> ……後世所奉為禪宗唯一經典的《六祖壇經》，便是神會的傑作。《壇經》存在一日，便是神會的思想勢力存在一日。

此論一出，頓時大嘩。從 20 世紀 30 年代起，圍繞《壇經》作者的爭論就一直沒有停息過。不僅中國學者，日本、法國的學者也捲了進來。直到胡適去世後的 1969 年，還又一次掀起了爭論的熱潮。在中國的港台以及日本，錢穆、印順、澹思、柳田聖山、山崎宏等中外學界著名人物都紛紛撰文，對《壇經》及其真正作者進行考辨，大多數學者似乎都反對胡適的說法。

　　難道胡適的觀點是憑空臆造的？不是，他有他的根據。首先，他在唐代韋處厚所撰的《興福寺大義禪師碑銘》中找到一段話，這段話說：在惠能門下，神會"得總持之印，獨曜瑩珠"，但"習徒迷真，橘枳變體，竟成檀經傳宗。""檀經"胡適認為即《壇經》，就是說，神會門下造了《壇經》，用它來做傳宗的憑據（最初胡適以為"傳宗"即神會《顯宗記》，後改）。其次，他在新發現的敦煌本神會資料中找到與《壇經》"完全相同"的一些文句、思想與經典，例如論"定慧等""坐禪""金剛經"等，這些又恰是惠能《壇經》的重要部分。有了這外證和內證，胡適宣佈：

　　　　南宗的急先鋒，北宗的毀滅者，新禪學的建立者，《壇經》的作者——這是我們的神會。在中國佛教史上，沒有第二個人有這樣偉大的功勛，永久的影響！

　　但是，可能胡適為神會疾呼、為改寫禪宗史的心願太過迫切，以至於有的證據並不那麼可靠，所以遭到了有力的反駁。首先，韋處厚《大義禪師碑銘》那句話，很多人指出，那只能證明神會的門徒弟子以《壇經》為傳宗憑證，卻不能證明《壇經》是神會一系的作品。敦煌本《壇經》中早已有"若論宗旨，傳授《壇經》，以此為依約，若不得《壇經》，即無稟受。須知去處、年、月、日、姓名，遞相付囑。無《壇經》稟承，非南宗弟子也"的記載（第三十八節），説明神會門下一直是遵循舊規，以《壇經》為傳法信物的，《大義禪師碑銘》只是站在馬祖道一禪師即洪州宗一派立場上批評神會門下即荷澤宗背離了"以心傳心，不立文字"的祖訓，而不是説他們寫成了《壇經》來傳宗脈。其次，胡適所説《神會語錄》和《壇經》多處一致的問題，很多學者指出這並不能證明《壇經》為神會所作，因為學生（神會）抄襲老師（惠能）也能抄出很多一致文句與意思來，為甚麼一定就是《壇經》出自神會的證據？更何況胡適所指出的那些段落，其思想早已有之，為甚麼惠能就不能有而非得到神會才有？顯然胡適的説法不大站得住腳。

不過，胡適的考據也很有啟發意義，儘管他過分心急地把《壇經》整個算在了神會身上造成了結論的錯誤，但他卻提醒人們注意到《壇經》與神會的微妙關係。在胡適的考據中有一個證據是至今無法否定的，這就是在最早的《壇經》敦煌本中已有"吾滅後二十餘年……有人出來，不惜身命，定佛教是非，豎立宗旨，即是吾正法，衣不合傳……"（第四十九節）等等，暗示神會開元二十年（732）滑台大會辯論南北宗旨的話語。這些話語證明，雖然説神會作《壇經》並不合適，但《壇經》的確在神會一系中做傳法憑信時，被神會一系的人增添改竄過，所以才會這樣"預言"二十年後神會的事跡，這"預言"一定是後來加油添醋的，因而説現存《壇經》

中完全沒有神會的影跡，全是惠能思想，也未必合適。其實，《壇經》不僅經過神會一系的修改，而且還經過唐宋不少人改動，像最早的敦煌本僅 1.2 萬字、宋初的惠昕本 1.4 萬字、北宋中葉的契嵩本 2 萬餘字，就證明了這一點。《景德傳燈錄》卷二十八曾記載慧忠的話說，南方有的禪師改竄《壇經》，"添糅鄙譚，削除聖意，惑亂後徒"，也證明了這一點。

自惠能弟子法海編成《壇經》以後，《壇經》便流傳開來，但宋以後一千多年間，人們看到的都是經過北宋僧人契嵩重新改編的《壇經》，像著名的元代宗寶本和元代德異本，都是根據契嵩改編本而來的。誰會想到，在 20 世紀初，竟然在敦煌卷子中發現了兩種較早的，約成書於盛、中唐之交的古本《壇經》（一為倫敦大英博物館收藏，一為敦煌縣博物館收藏），又在內蒙古黑河下游發現了和上述兩本十分接近的西夏文本《壇經》，又在日本京都興聖寺發現惠昕於宋初改編的《壇經》。這樣，我們就逐漸看清了《壇經》隨着時間流逝而發生的變化，別除後來增入的內容，我們也一層一層接近了《壇經》的原始面貌，儘管尚未發現沒有被增添改竄過的原本《壇經》（也許永遠不會被發現）。

可是，我們也要記住，既然宋代以來人們讀的都是經過神會及其他人修改增訂過的《壇經》，那麼，流傳至今的禪宗思想中就已經匯入了神會及其他改編者的想法，影響宋明理學的禪學也罷，被晚明激進思潮吸收的禪學也罷，在現代禪學家筆下被解釋闡發的禪學也罷，那禪學之中有惠能的思想，也有神會及其他改編者的思想，正是這相續不斷又層層累積的思想影響了中國文化。也許從這個意義上來說，胡適《荷澤大師神會傳》所說的"神會的思想影響可說是存在《壇經》裏"，大概並不算錯。

【文獻選讀】

1. 敦煌本《壇經》

惠能偈曰："菩提本非樹，明鏡亦非台，佛性常清靜，何處有塵埃。"又偈曰："心是菩提樹，身為明鏡台，明鏡本清淨，何處染塵埃。"（第八則）

善知識，定慧猶如何等？如燈光，有燈即有光，無燈即無光。燈是光之體，光是燈之用。名即有二，體無兩般，此定慧法，亦復如是。（第十五則）

善知識，我此法門，從上已來，頓漸皆立無念為宗，無相為體，無住為本。（第十七則）

2. 敦煌本《菩提達摩兩宗定是非論》

（神會答遠法師問神秀、惠能教門之不同）皆為頓漸不同，所以不許。我六代大師，一一皆言"單刀直入，直見了性"，不言階漸。夫學道者須頓見佛性，漸修因緣，不離是生而得解脫。譬如其母，頓生其子，與乳漸養育，其子智慧，自然增長。頓悟見佛者，亦復如是，智慧自然漸漸增長。所以不許。

（神會批評北宗）若教人坐，"凝心入定，住心看淨，起心外照，攝心內證"者，此障菩提。今言坐者，念不起為坐；今言禪者，見本性為禪。所以不教人坐身住心入定。若指彼教門為是者，維摩詰不應訶舍利弗宴坐。

【參考書目】

1. 《壇經校釋》，郭朋校釋，中華書局，1983。

2. 《壇經》，尚榮注釋，中華書局，2013。

3. 《中國禪宗史》，印順撰，江西人民出版社，1990。

4. 《再增訂本中國禪思想史 —— 從 6 世紀到 10 世紀》，葛兆光撰，北京大學出版社，2021。

附錄

舊版序跋（一）

這本《中國經典十種》，是在我為清華大學全校學生所開選修課"中國文化名著導讀"講稿基礎上修訂而成的。

說起來，我似乎與清華大學有些緣分。1966 年初冬，我糊裏糊塗捲入"大串聯"行列，被三停兩開的火車拉到北京。寒風凜冽的夜裏，在先農壇體育場哆哆嗦嗦地排了三小時隊，終於登上了汽車，汽車搖搖晃晃又開了一小時，把我們送到了清華大學。於是就在清華大學體育館的地板上，我住了十二天零五個小時。沒想到二十多年之後，我在兜了一大圈後又來到了清華大學。雖然這次是來任教，但糊裏糊塗的感覺依然如故，彷彿人生總是不由自主地在黑夜裏坐車，搖搖晃晃的車把你拉到甚麼地方，事先根本沒法逆料。也許夜裏上錯了車把你拉到你不想去的新地方，也許一夢之後竟坐了一趟環線車又回到了老地方。

到清華大學後，馬上被指定開"中國文化名著導讀"課，雖然我在大學讀的是古典文獻專業，但要講好這些經典卻仍很費勁。沒辦法，只好硬着頭皮上，不想學生聽下來覺得不錯，於是一連講了好幾個學期。其實我心裏一直犯嘀咕，一來是這種講經典的課程和現在快節奏、重實效的世風實在風馬牛不相干，那些一心學門實用本事將來混飯吃的學生真有耐心聽我講這些"遙遠的故事"嗎？我實在不敢有這個自信；二來一直停留在清華大學集體記憶中的朱自清先生，早年也有過一本《經典常談》，我躬逢其後，會不會落個"一蟹不如一蟹"的譏諷？我實在不能預料前景究竟如何。只不過有一點我明白，職業和興趣常常難得兼顧，差事與專長也往往難得巧合，一個人活在世上未必能絕對自由地想幹甚麼就幹甚麼，我也如此。自從承擔了這課之後，只好匆匆忙忙趕出講稿，在"敝帚自珍"的心理中，又匆匆忙忙把這份講稿改成現在這本《中國經典十種》。

不過，有一點我還是有我的自信，這就是這本小書有我的辛勞，絕不至於冷飯重炒。前面提到朱自清先生《經典常談》，這部小書絕非朱先生著作的翻版或改寫。至少有三點它們是不同的：其一，朱先生是依照一般國學理路設計《經典常談》結構的，而我則是按照我對中國文化思想史的理解來選擇介紹書目的，因而各自側重點不同；其二，朱先生逝世於 20 世紀 40 年代末，近五十年來，學術飛速發展，資料不斷發現，我在此書中盡可能擷取新的研究成果與資料考證，至少在新舊方面各自面貌不同；其三，朱自清先生也許照顧到更低文化水準的讀者，因而寫來較為淺近，而我則希望溝通普通讀者與一些雖非當行卻有興致的專業學者兩者，因而有的地方不免較深一些。當然，也有可能是我缺乏深入淺出的才能，於是總是要顯出些迂腐的學究氣。

1992 年歲末最後一日

於北京

舊版序跋（二）

　　大約在十年前，我在清華大學開設了一門介紹中國古代經典的課，是給全校大學生選修的，不分文理工科。當時學校要求所有理工類的學生都要選一兩門文科的課，這個意思當然很好，不過這使得學生的水準不盡相同，興趣更是五花八門。雖然也有不少學生對古代中國的傳統與文明有興趣，但應當承認很多人卻是為"分數"所迫。為"分數"所迫，在課堂上就不那麼認真聽講，除非你有本事把陌生而枯燥的古代知識講得讓他們產生好奇和興趣。於是，這逼得我要盡可能地把中國古典知識用最淺顯的話講出來。記得那時曾用了不少心思來編寫講義，講義寫好，講了兩三輪以後，自己覺得還好。應朋友的邀請，用了一點時間把它清理刪定，交付出版。所謂"清理"，在形式上就是把它改成一本關於中國經典的通俗入門書，主要是把亂七八糟的講稿理成按格書寫的文字；而所謂"刪定"，在內容上主要就是刪去課堂講授時用以吸引學生注意力的旁批。這些旁批是給我自己用的，本意是添油加醋、借題發揮，有的甚至是插科打諢，彷彿相聲裏的"抖包袱"。

　　講義裏面有這些東西，多少有些出於無奈。現在的情況和過去不同，像我當年上學時那些老師，不管講得好不好，講完就走，頭也不回，學生卻都戰戰兢兢仰頭如奉旨。可現在呢？講課時沒有這些東西，節奏太單調，學生聽起來就容易困，正經的內容多少有些呆板，就沒有多少人喜歡，於是需要"包裝"，誰叫現在是"市場經濟"呢？一面包裝寫上旁批，一面心裏暗暗叫苦，生怕聽眾錯會了意，在哈哈大笑之後買櫝還珠。近來讀《陳寅恪書信集》，看到他在給傅斯年的信裏說到，"一年以來，為清華預備功課幾全費去時間精力……所以向清華賣力者，因上課不充分準備，必當堂出醜"（第39頁），頓時半覺寬心，半覺寒心。寬心的是，原來像陳寅恪這樣的人，在清華上課也要戰戰兢兢如履薄冰；寒心的是，學生未必體諒老師的苦心，用了偌多心血寫成的講義，卻還要費了時間想辦法添油加醋、賣關子、加佐料，到頭來可能還是會在課堂上做出一臉苦相，彷彿是牛不吃水強按頭的無奈樣子。

課講了十年，十年的粉筆生涯中有很多感受。在最後一次上這門課的那年，學期終了照例要出題考試，為了讓學生不至於為難，我給學生出了一個題目叫做"感受經典"，以這個題目在兩小時內當堂寫一篇短文。可是，五花八門的答卷卻給了我更多的感慨，於是寫了一篇隨筆《"感受經典"的感受》，發表在《東方文化》雜誌。裏面寫了這麼一段：

　　自從本世紀全面反傳統的激進主義成了主流，並且在政治意識形態的支持下進入教育以來，至少在中學教育中已經不大有古代中國的《論語》《孟子》《禮記》，在現在大學理工科甚至文科的主幹課程中，也沒有《周易》《老子》

《莊子》。於是學生不必閱讀經典，他們也不想學習古代的經典，因為"古代的經典，遠不如計算機、金融、外語來得實際，也比不上《紅樓》《西遊》還可以開來解悶，那就乾脆把它擱一邊兒去吧。"雖然有的學生也明白，"科學史上，經典這兩個字意味着一種過時的落後於潮流的思想，而在文學史上，經典的含義則截然相反。"……儘管他們也對現實感到困惑，"在眼花繚亂的聲光電轉換中，人們擁有的是一顆顆日益浮躁的心，忙忙忙，盲盲盲。"在這種忙與盲中，也感覺到了經典與生活的衝突，傳統與現實的衝突。但是他們沒有時間和精力，課程太重，考試太多，而課程和考試背後，是他們的前途與命運，誰也不敢拿前途和命運來交換閱讀經典的精神享受。因為對他們來說，這種享受太奢侈。

在引號裏面的，都是學生答卷中的原話。於是，我在上了十年之後，有點想放棄這門課了，一半是由於講的次數太多，不免自己也覺得乏味，一半說實在話是因為灰心。正在這個時候，卻有不少出版社找到我，希望出版這本已經面世八年之久的舊書。

我當然願意再版這本書，不僅是出於敝帚自珍的心理，也是因為正如"後記"裏說的，這裏畢竟有我自己的心血，也不都是在炒別人的冷飯。特別是這本書1993年出版於香港，1995年出版了台灣版(改名為《新經典常談》)，韓國在1996年出版了韓文版。很多朋友勸我出版大陸版，我始終猶豫。之所以當時不很願意在大陸出版，有一大半是因為私心。因為出版大陸版，那麼聽課的大學生就可以買得到，我的講課就更費氣力了，總不能再按部就班地照本宣科了，否則學生拿着書會嘻嘻嗤笑，"原來只是在唸"。於是直到我決心不再上這門課了，才可以放心出版這本書。

這次修訂，是很局部的，大致上只是在字句上的修改，增加了一些與經典有關的最近考古發現資料，沒有"傷筋動骨"。本來是想做大一些改動的，但是因為太忙，只好如此就匆匆拿出來了，這是我很抱歉的。

2001 年 8 月 24 日
於北京藍旗營